海外遗珍 | 陶瓷

CHINESE ART IN OVERSEAS COLLECTIONS CERAMICS

(卷一)
VOLUME ONE

高古陶瓷　　中古陶瓷　　隋唐陶瓷

叶佩兰　主编

北京大学出版社
PEKING UNIVERSITY PRESS

图书在版编目（CIP）数据

海外遗珍·陶瓷. 卷一 / 叶佩兰主编. —北京：北京大学出版社，2016.6
ISBN 978-7-301-26928-2

Ⅰ.①海… Ⅱ.①叶… Ⅲ.①文物－中国－图集 ②瓷器（考古）－中国－图集 Ⅳ.①K870.2

中国版本图书馆CIP数据核字（2016）第029841号

书　　　名	海外遗珍·陶瓷（卷一）·高古陶瓷·中古陶瓷·隋唐陶瓷 Haiwai Yizhen·Taoci（Juan Yi）
著作责任者	叶佩兰　主编
责 任 编 辑	刘　维
标 准 书 号	ISBN 978-7-301-26928-2
出 版 发 行	北京大学出版社
地　　　址	北京市海淀区成府路205号 100871
网　　　址	http://www.pup.cn　　新浪微博：@北京大学出版社
电 子 信 箱	hwyz16@sina.com
电　　　话	邮购部62752015　　发行部62750672　　编辑部62764976
印 刷 者	北京东方宝隆印刷有限公司
经 销 者	新华书店
	787毫米×1092毫米　16开本　20印张　243千字 2016年6月第1版　2016年6月第1次印刷
定　　　价	198.00元

未经许可，不得以任何方式复制或抄袭本书之部分或全部内容。
版权所有，侵权必究
举报电话：010-62752024　电子信箱：fd@pup.pku.edu.cn
图书如有印装质量问题，请与出版部联系，电话：010-62756370

海外遗珍·总序

中国文化博大精深，源远流长。中华民族在发展的历史长河中，创造了光辉灿烂的文化成果，为后人留下了丰富的文化遗产。这些文化遗产中最能体现中华民族智慧结晶的就是中国文物，这是中国文化中的无价珍宝。当我们漫步在博物馆中的时候，我们不得不为这些文化精品叹为观止。然而中国文物不仅仅收藏在中国的博物馆，实际上，在世界各大博物馆都能找到中国文物的身影，甚至其中许多精品是国内所没有的。这些文物基本上都是中国的外流文物。在鸦片战争以前，世界各大博物馆所收藏的中国文物主要是对外贸易的产物；在鸦片战争之后，中国的文物外流出现了前所未有的变化。

近代中国文物外流的方式主要有以下三种：一是以探险为名，来中国低价购买或通过挖掘、切割等不光彩手段把中国文物直接带走。此类方式多由探险家、博物馆策展人和学者所为。二是以购买为手段，从中国收藏家手中或古董市场上直接购入。此类方式多由外国收藏家所为。三是以获利为目的，国内外古董商人联手，在中国市场上以低价收购，再高价出售给国外买家。

中国近代文物流失国外可以分成四个大的时间段。第一次文物流失高潮在1840—1912年，鸦片战争和八国联军侵华期间，外国侵略者在北京公开大肆抢劫，清宫无数文物珍宝被洗掳一空。北京"自元明以来之积蓄，上自典章文物，下至珠宝奇珍，扫地遂尽"，损失难以计数。随后几年内，多国人士分别以考察的名义深入中国各地，或买或盗或抢或骗，掠走大量文物。末代皇帝溥仪被逐出皇宫时，曾带走数以千计的文物精品，在动荡的时局中，这些文物或变卖或丢失，逐渐变成了国外的藏品。

第二次文物流失高潮是日本侵华时期。战争给国家和人民带来了深重的灾难，使得文物的保护意识和措施均处于中国历史上最弱时期，在这一时期中国文物的外流达到了高峰。一方面，艺术品收藏在当时欧美成为一种时尚，国外文物商趁时局之乱往往能以极便宜的价格就能把文物藏品收入囊中；另一方面，在中国各个文物大省中，田间地头的农民们无意中发现了很多文物，但由于相关知识缺失，通常给几个自认为合适的价钱就随便卖出。这一时期，为了获利，盗墓和仿古之风也日渐兴盛。在日本刻意搜罗和明火执仗的盗掘下，大量古董都被集中起来，成船成船地运往东京。

中国改革开放之前是文物的第三次流失高潮。当时，很多机构和个人钻了政策的漏洞，国家规定清乾隆以前的文物不能出口，他们就把清乾隆后的官窑瓷器和书画以极其便宜的价格售往海外。

第四次文物流失高潮是在改革开放后，这次是以走私为主要手段。在巨大利润的刺激下，国内外不法分子相互勾结，盗墓之风狂刮，当时的中国香港成为了内地文物走私的集散地和中转站，大批中国文物通过香港流散到世界各地。

就这样，中国的陶瓷器、玉器、青铜器、绘画、书法、雕塑、漆器、丝织品、家具等，数以百万计的精品，甚至是绝品、孤品，流失到了世界各地的博物馆和私人收藏家手中。据联合国教科文组织不完全统计，在全世界47个国家、200多家博物馆的藏品中，有164万余件中国文物。其中各大博物馆收藏的中国文物数量只占所有外流中国文物数的20%，私人手中收藏的中国文物则难以统计。按中国文物学会的统计，流失海外的中国文物总共有1000万件左右。

在这些流失海外的文物中，无论从数量上还是珍稀程度上，陶瓷器都属于数一数二的。在中国流失国外的文物中，以英国大英博物馆收藏的陶瓷最多，达3万多件，其中绝大多数为绝世无价之宝；美国大都会艺术博物馆中有2万多件。中国珍贵文献和古籍在英国国家图书馆藏有6万多种。流失的地方志和古籍在美国最多，仅美国国会图书馆就有4000多种地方志；美国共有中国古籍善本3000多种，家谱2000多种。

法国是仅次于英国的欧洲收藏中国文物的第二大中心，其卢浮宫是法国收藏中国文物最集中的地方，馆藏中国文物高达3万件以上，尤以原始社会的彩陶器、商周青铜器和瓷器为主，此外，还收藏有6000多件中国历代瓷器精品和200多件唐宋绘画。

在日本各地，馆藏中国文物数量约在数十万件，其国内1000多家公私博物馆几乎都有中国藏品，尤以东京国立博物馆收藏最丰。在流失海外的近3万片甲骨片中，仅日本收藏就有近1.3万片。

就中国敦煌宝藏而言，中国国内保存数仅占三成，其他全散落于世界各地，如英国国家图书馆东方写本部藏有1.37万件，俄罗斯圣彼得堡亚洲民族研究所藏有1.2万件，法国巴黎国立图书馆有6000件。

无数的宝物流落在海外，对中国人来说是一件令人痛心疾首的事情。当我们去看海外博物馆展出的这些中国文物时，我们会怀着一种悲痛的心情。然而，除了文博方面的专家和出国旅游、学习的人员外，绝大部分中国人还是很难一睹这些文物的真面目。为了更好地发掘中国文化的精髓，让更多的中国人了解和欣赏流失在海外各大博物馆中的文物精品，我们特地策划并出版了这套《海外遗珍》。

　　《海外遗珍》分为陶瓷、绘画、玉器、杂项和青铜器五种，每种共分四卷，以时间为顺序，分门别类地讲述了流失在海外的这些中国文物珍品。书中所有图片资料主要由美国大都会艺术博物馆、美国国立亚洲艺术博物馆（The Smithsonian's Museums of Asian Art，又译做Freer and Sackler Galleries，即美国弗立尔－赛克勒美术馆的合称）、英国大英博物馆、英国维多利亚和阿尔伯特博物馆、英国大维德基金会和日本东京国立博物馆等提供，特此申致谢陈，以不没其收藏维护之功。

　　书成仓促，难免挂一漏万，缺憾在所难免，尚希博雅君子，不吝指正！

序

中国历史悠久，文明璀璨，五千年传承不绝，创造了不胜枚举的物质财富，文物光华，炳耀寰宇。早在距今7000—8000年的新石器时代，中国的先民就已经开始制作陶器，灰陶、白陶、黑陶、彩陶等品种相继出现。商周时期，建筑用陶出现，原始瓷器初登舞台。两汉时期，陶器的发展则以釉陶为代表，以越窑为代表的青瓷渐成风格。三国两晋时期，是中国陶瓷尤其是越窑青瓷的大发展时期。到了南北朝时期，南方越窑瓷器成为主流，北方则出现了新的窑口，开创了不同的陶瓷风格。

隋代时青瓷普及南北，同时南北方都创烧成功了白瓷。唐代是中国陶瓷发展的第一个兴盛期，越窑创烧出了类冰似玉的青瓷珍品、邢窑烧制成了类雪似银的白瓷，唐三彩独树一帜，长沙窑别具一格，鲁山窑匠心独运，为后来宋、辽、金、元时期瓷器的发展奠定了基础。

两宋时期是中国陶瓷制造业极其辉煌的历史时期，各地新兴窑场不断，涌现出不少驰名中外的瓷窑。所谓五大名窑——定、汝、官、哥、钧，就是其中的典型代表。此外又出现了以定窑、磁州窑、越窑、耀州窑、吉州窑、建窑、龙泉窑和景德镇为代表的八大窑系。辽、金瓷器主要以北方定窑、磁州窑和钧窑的进一步发展为代表。

元代虽然存在时间较短，但是在瓷器制作上却功勋卓著。除了钧窑、磁州窑、龙泉窑继续烧造之外，更重要的是景德镇窑开始以全新的姿态登上了历史舞台。景德镇不仅延续了两宋时期的青白瓷的烧制，更创烧了枢府瓷、青花、釉里红、蓝釉、红釉、釉上彩等瓷器品种，为明清两代瓷器的精绝做了完美的铺垫。

明清两代是中国陶瓷发展史上的顶峰时期，官窑瓷器在景德镇的持续烧制，使景德镇赢得了瓷都的美名。明代景德镇除延续元代创烧的青花和釉里红之外，还创烧出了斗彩、五彩、素三彩、杂釉彩等新品种，颜色釉方面的烧制成就突出。清代时，景德镇的官窑代表了国内乃至世界制瓷业的最高水平，尤以康熙、雍正、乾隆三朝瓷器为佳。同时各地民窑也得到了很大的发展，尤其西风渐进、陶瓷外销、西洋原料及技术的传入，使得陶瓷业的发展更为丰富而多姿多彩。

纵观中国陶瓷的发展史，再看看那些流失海外的陶瓷珍品，我们不能不为之感慨。为了能够让国人欣赏到流失海外的这些艺术珍品，同时也方便广大收藏爱好者和艺术研究者参考，特此搜罗世界著名博物馆的陶瓷珍品，以历史发展为顺序，各从其类加以编辑整理，出版了这部四卷本《海外遗珍·陶瓷》，以飨广大读者。

目 录

高古陶瓷

新石器时代...10

小口双耳尖底瓶…………………… 10
彩陶圆点波纹盆…………………… 12
彩陶旋纹壶………………………… 13
彩陶旋纹鸟形壶…………………… 14
葫芦形网格纹菱形纹双耳罐……… 16
彩陶神人纹双系壶………………… 18
彩陶四大圆圈纹壶………………… 20
彩陶四大圆贝壳纹双系壶………… 22
红陶双大耳罐……………………… 24
彩陶几何纹鼓形器………………… 26
白陶空足鬶………………………… 28
灰黑陶斝…………………………… 30
蛋壳黑陶高柄杯…………………… 32
蛋壳黑陶高柄杯…………………… 34

商代...36

灰陶尊……………………………… 36
灰陶簋……………………………… 38
灰陶弦纹罐………………………… 39
灰陶双钩纹罍……………………… 40
白陶几何纹双系罍………………… 42

西周...44

灰陶印纹罐………………………… 44
灰陶鬲……………………………… 46
灰陶盂……………………………… 48
原始青瓷盂………………………… 49

春秋战国...50

陶罐………………………………… 50
绿釉陶双口印纹罐………………… 52

彩绘几何纹四系三足壶…………… 54
几何印纹硬陶罐…………………… 56
原始青瓷鍪罐……………………… 58
陶鼎………………………………… 60
陶壶………………………………… 62
陶敦………………………………… 64
陶几何纹豆………………………… 66
灰陶豆……………………………… 68
彩绘陶瓶…………………………… 70
原始青瓷竖条纹双系活环罐……… 72
原始青瓷提梁壶…………………… 74
原始青瓷钲………………………… 76
原始青瓷碗………………………… 78

中古陶瓷

西汉...82

彩绘云气纹茧形壶………………… 82
黑陶茧形壶………………………… 83
彩绘陶钫…………………………… 84
彩绘狩猎图陶钟…………………… 86
彩绘云气纹陶壶…………………… 88
彩绘双系陶壶……………………… 90
彩绘云气纹陶器一组……………… 92
彩绘陶鼎…………………………… 93
彩绘陶鹅首壶……………………… 94
刻花陶熏炉………………………… 96
陶博山炉…………………………… 97

龙柄陶魁	98
陶耳杯	99
彩绘陶马	100
彩绘跽坐俑	102
彩绘陶舞俑	104
彩绘陶骑马俑	106
绿釉浮雕螭龙纹鼎	107
绿釉浮雕狩猎纹陶壶	108
绿釉铺首陶壶	110
绿釉彩绘陶壶	112
青瓷双系敞口壶	114
青瓷双系壶	116

东汉…118

灰陶博山炉	118
陶灶	120
陶牛车	122
朱雀纹瓦当	123
刻划长颈瓶	124
彩绘陶舞俑（一对）	126
彩绘陶狗	128
绿釉铺首耳盘口壶	130
绿釉狩猎纹壶	132
绿带盖陶鼎	134
绿釉陶尊	136
釉陶三足奁	137
绿釉陶高足碗	139
绿三联灯盏	140
绿釉跽妇抱婴陶灯	142
绿釉两层陶望楼	144

绿釉陶望楼	146
绿釉陶庭院	148
绿釉陶羊圈	149
绿釉陶羊圈	150
绿釉陶井	152
绿釉陶米碓	154
绿釉陶狗	155
绿釉陶羊	156
青瓷刻纹镂空簋	157
青瓷双系罐	158
青瓷兽耳瓿	159
青瓷五联瓶	160
青瓷双系壶	162
青瓷虎子	164
青瓷灯	165

西晋…166

青瓷谷仓罐	166
青瓷谷仓罐	168
青瓷谷仓罐	170
青瓷铺首罐	172
青瓷贴花人物纹双系罐	173
青瓷鸡首壶	174
青瓷印纹簋	176
青瓷尊	177
青瓷贴花铺首双鱼纹盆	178
青瓷洗	180
青瓷托盘耳杯、勺	181
青瓷熊灯	182
青瓷熊形烛台	184
青瓷狮形烛台	186
青瓷虎子	187
青瓷羊形烛台	188
青瓷扁壶	190
青瓷蛙盂	191
青瓷蛙盂	193
青瓷鸡舍	194
青瓷灶	195

东晋…196

青瓷鸡首盘口壶…………………… 196
青瓷鸡首壶………………………… 197
黑瓷鸡首壶………………………… 198
青瓷四系罐………………………… 200
青瓷水盂…………………………… 201
青瓷灯盏…………………………… 202

南北朝…204

青瓷鸡首壶………………………… 204
青瓷双鸡首壶……………………… 206
青瓷点彩鸡首壶…………………… 208
青瓷盘口壶………………………… 210
青瓷刻莲瓣纹盘口壶……………… 212
青瓷鸡水盂………………………… 214
青瓷莲花樽………………………… 216
青瓷羊形插座……………………… 218
青瓷虎子…………………………… 220
青瓷灶……………………………… 222
青瓷高足盘………………………… 224
青瓷狮子噬牛纹扁壶……………… 225
黄釉印花盘………………………… 226
青瓷贴花尊………………………… 228
青瓷花口长颈瓶…………………… 230

隋唐陶瓷

隋代…234

青釉刻花瓶………………………… 234
青瓷四系罐………………………… 236
青瓷贴花壶………………………… 238
青瓷蒜头瓶………………………… 240
白瓷双龙柄瓶……………………… 242
白瓷瓶……………………………… 244
白瓷刻莲瓣纹蒜头瓶……………… 246
白瓷三系罐………………………… 248
白瓷四系罐………………………… 250

白瓷水盂…………………………… 252
白瓷高足盘………………………… 254
白瓷蟠螭烛台……………………… 256
白釉武士俑………………………… 258

唐代…260

三彩鸿雁纹盘……………………… 260
三彩宝相花纹盘…………………… 261
三彩高足盘………………………… 262
三彩花卉纹碗……………………… 263
三彩杯盘…………………………… 264
三彩盖罐…………………………… 266
三彩凤纹凤首壶…………………… 268
三彩贴花双龙耳壶………………… 270
三彩荷叶口执壶…………………… 272
三彩双鱼壶………………………… 274
三彩绞釉枕………………………… 276
三彩陪葬俑一组…………………… 278
三彩侍女俑………………………… 282
越窑青釉盘口壶…………………… 284
越窑青釉双鱼壶…………………… 286
越窑青釉渣斗……………………… 288
越窑青釉双凤纹洗………………… 289
邢窑白釉执壶……………………… 290
邢窑白釉凤首壶…………………… 292
邢窑白釉罐………………………… 294
邢窑白釉唾壶……………………… 296
邢窑白釉花口盘…………………… 298
黑釉洒彩罐………………………… 300
黑釉花瓷双系壶…………………… 302
黄道窑花瓷龙首壶………………… 304
黄道窑黄釉蓝斑双系罐…………… 306
长沙窑褐彩虎纹四系罐…………… 309
长沙窑模印贴花褐斑注子………… 310
长沙窑褐彩诗文注子……………… 312
长沙窑褐彩鹿纹注子……………… 314
长沙窑花鸟纹碗…………………… 316
长沙窑绿釉枕……………………… 318

高古

○ 陶瓷

  远在一万多年前的新石器时代早期，我们的祖先就在中华大地上发明了制陶术，使中国成为世界上最早制作和使用陶器的国家之一。从仰韶文化开始到春秋战国时期，中国陶瓷的发展经历了漫长的岁月，产生了大量的具有很高实用价值和艺术价值的陶瓷产品，从陶器到原始瓷器的发展历程，是中国陶瓷发展史上具有开创意义的一个过程，为中国陶瓷后来的多元化发展奠定了坚实的基础。

> 陶土得成尊，何殊凿地存。
> 豆笾古曾厕，耕稼此同原。
> 抔饮罨然望，象施且漫论。
> 祖丁将父乙，直可视儿孙。
>
> ▼ 乾隆皇帝·咏陶尊

马家窑文化,前2500年

彩陶四大圆贝壳纹双系壶

英国大英博物馆(British Museum)

新石器时代

小口双耳尖底瓶

年　代：仰韶文化，前5000—前3000年
尺　寸：高31.8厘米
产　地：陕西
收藏地：英国大英博物馆（British Museum）
入藏号：1959,0216.4

　　砂质红陶。瓶为杯形小口，深腹中部圆鼓，腹部两侧各有一个可以系绳的半圆形耳，尖底。器表满饰细线纹。这种双耳尖底瓶是仰韶文化特有的一种汲水器，造型别致而美观，极具实用性。

彩陶圆点波纹盆

年　代：马家窑文化，马家窑类型，前3000年

尺　寸：高4.4厘米，口径13.3厘米

产　地：甘肃

收藏地：美国印第安纳波利斯艺术博物馆（Indianapolis Museum of Art）

入藏号：2004.67

　　泥质红陶。盆敛口，微卷唇，扁鼓腹，平底。内外壁及口沿皆施黑彩，外壁绘波纹数道，内壁及盆心绘波纹和圆点纹。此盆造型匀称，纹饰布局合理，用笔流畅，是马家窑类型彩陶器中难得的珍品。

年　　代：马家窑文化，半山类型，前2650年－前2350年

尺　　寸：高34厘米

产　　地：甘肃

收藏地：美国大都会艺术博物馆（Metropolitan Museum of Art）

入藏号：1992.165.9

彩陶旋纹壶

泥质土黄陶。口外撇，短颈，圆腹，腹部两侧饰对称半圆形耳，腹下渐收，平底。红、黑彩纹。口沿内绘弧线纹，颈部绘连续三角纹。腹部以两方连续旋纹为主，红黑相间，旋纹上部以红彩绘旋纹数道，下部用黑彩装饰。这种装饰手法形成了多变的律动感，起着推波助澜的作用，增强了旋动的感觉。

彩陶旋纹鸟形壶

年　代：马家窑文化，半山类型，前2650年－前2350年

尺　寸：高27.6厘米，腹径31.1厘米

产　地：甘肃

收藏地：美国克利夫兰艺术博物馆（Cleveland Museum of Art）

入藏号：2007.276

　　褐黄陶。鸟形器是马家窑文化彩陶特有的器型，早期的彩陶鸟形器较写实，颈细长，两侧有短翼，身后有尾。身上绘羽状纹。半山类型的鸟形器已变得抽象，一对侧翼变换成环形耳，颈部变短，但口部仍偏在前方，身后保留着翘起的小尾，还能看出粗略的鸟形。此壶是半山类型鸟形壶的典型器，直口，短颈，扁圆腹，腹部两侧有半圆形耳象征双翼，身后有翘起的小尾。红、黑彩装饰。旋纹中心很大，绘鸟羽纹和网格纹。

葫芦形网格纹菱形纹双耳罐

年　代：马家窑文化，半山类型，前5000年－前2000年

尺　寸：高36.1厘米，腹径42.3厘米

产　地：甘肃

收藏地：美国国立亚洲艺术博物馆（Freer and Sackler Galleries）

入藏号：F1930.96

　　泥质红陶。壶口微侈，短颈，鼓腹，腹部两侧饰对称双耳，平底。黑、红两彩装饰。口沿内绘连弧纹，颈部绘双排锯齿纹。腹部绘三个葫芦形网格纹和菱形几何纹图案。

彩陶神人纹双系壶

年　代：马家窑文化，马厂类型，前2350年－前2050年
尺　寸：高31.5厘米，口径3.8厘米，底径9.8厘米
产　地：甘肃
收藏地：美国大都会艺术博物馆（Metropolitan Museum of Art）
入藏号：1992.165.8

　　土黄陶。壶侈口，短颈，圆腹下收，腹部饰对称半圆形耳，平底。黑、红彩纹装饰。变体神人纹是马厂类型彩陶的主要纹饰之一。马厂类型的神人单独纹样，多画在壶腹两面的中央，两侧画圆圈纹，由于神人纹的下肢和神人纹之间有很大空隙，为填补空隙，下肢由两节延伸为三节，原先抓指在下肢第二节的顶端，现在位于第二节和第三节的关节转折处。这种变化是马厂类型彩陶神人纹的典型样式。

彩陶四大圆圈纹壶

年　代：马家窑文化，马厂类型，前2350年－前2050年

尺　寸：高29.5厘米，腹径27厘米

产　地：甘肃

收藏地：美国大都会艺术博物馆（Metropolitan Museum of Art）

入藏号：1992.165.12

　　泥质土黄陶。壶侈口，短颈，鼓腹，双耳，平底。壶身打磨精细。黑、红彩装饰。腹部饰有四个大圈纹，大圈纹内画十字，十字的四角各有一个黑圆点。四个圆圈之间用黑带纹连接。纹饰绘制精细，笔画流畅，是马厂类型彩陶的精品。

彩陶四大圆贝壳纹双系壶

年　代：马家窑文化，前2500年
尺　寸：高40厘米
产　地：甘肃
收藏地：英国大英博物馆（British Museum）

入藏号：1992,1111.1

　　泥质红陶。壶侈口，短颈，鼓腹，双耳，平底。黑、红彩装饰。腹部饰有四个大圈纹，圆圈纹内绘贝壳图案。此壶出土时里面装有贝壳，可见此壶专为储存贝壳而设计。考古已经证明，在马家窑文化中，大量出土的贝壳说明当时人们已经开始使用贝壳做装饰甚至进行交易，此罐是马家窑文化贝壳使用的见证。

红陶双大耳罐

年　代：齐家文化，前2000年

尺　寸：高12厘米，口径11.4厘米

产　地：甘肃

收藏地：美国印第安纳波利斯艺术博物馆（Indianapolis Museum of Art）

入藏号：1990.55

　　泥质红陶。喇叭形口，长颈，小鼓腹，口沿和腹部之间饰双大耳，平底。此罐无纹饰，打磨精细。这种大耳罐是齐家文化的典型器，除此类无纹饰的之外，还有绘制纹饰的。

彩陶几何纹鼓形器

年　代：齐家文化，前2000年－前1700年

尺　寸：高31.8厘米，底径21厘米

产　地：甘肃

收藏地：美国印第安纳波利斯艺术博物馆（Indianapolis Museum of Art）

入藏号：1990.55

　　泥质土黄陶。器型呈长柄喇叭状，上口沿下鼓起，下口外撇，底部外缘有一圈凸起的扎钩，用其固定蒙在底座的鼓皮。通体彩绘网格纹。这种陶鼓在马家窑文化半山类型中也曾出土，说明从那个时候起，陶鼓就已经成为先民常用的乐器，故此件弥足珍贵。

白陶空足鬶

年　代：大汶口文化，前4300年－前2400年

尺　寸：高26厘米，宽16.5厘米

产　地：山东

收藏地：英国维多利亚和阿尔伯特博物馆（Victoria and Albert Museum）

入藏号：FE.8-2000

  鬶为侈口，鸟喙形流，扁圆腹，腹中部接缝处饰绳纹一周，颈腹间饰带状把。腹下接三个圆锥形空足。此鬶以夹砂白陶制成，表面施白陶衣，色泽洁白微闪青。白陶虽然出现很早，但在大汶口文化中大量流行，后来的龙山文化和夏商文化中的白陶是对大汶口文化的继承和发展。

灰黑陶斝

年　代：龙山文化，前2200年

尺　寸：高11.4厘米，口径8.3厘米

产　地：不详

收藏地：美国印第安纳波利斯艺术博物馆（Indianapolis Museum of Art）

入藏号：2004.132

　　细砂质灰黑陶。斝敞口，口沿微内卷，圆唇，长颈，扁腹，平底下有三个袋状足。颈部刻弦纹两道。器表涂有一层细泥黑陶衣，打磨精细，漆黑发亮，是龙山文化中较为常见的温酒器。

蛋壳黑陶高柄杯

年　代：龙山文化，前2000年

尺　寸：高16.8厘米

产　地：山东

收藏地：美国印第安纳波利斯艺术博物馆（Indianapolis Museum of Art）

入藏号：1993.86

  细泥质黑陶。杯敞口，深腹中收，圜底，细高形喇叭座。柄部中空，饰镂孔。杯壁薄如蛋壳，通体磨光黑亮，制作精细巧妙，是龙山文化蛋壳黑陶的典型制品。

蛋壳黑陶高柄杯

年　代：龙山文化，前2000年

尺　寸：高21.6厘米，口径8.6厘米

产　地：山东

收藏地：美国印第安纳波利斯艺术博物馆（Indianapolis Museum of Art）

入藏号：2004.68

　　细泥质黑陶。杯敞口，宽沿外侈，直腹略鼓，圜底，长柄，柄中部凸起呈筒状，镂空装饰，下为细管高柄平顶底座。此杯制作精湛，胎壁轻薄，灵巧秀气，磨光发亮，反映了当时陶工制陶工艺水平的高超，为龙山文化蛋壳黑陶中的精品。

商代

灰陶尊

年　代：商
尺　寸：高25.4厘米，口径18.3厘米
产　地：河南
收藏地：美国大都会艺术博物馆（Metropolitan Museum of Art）

入藏号：50.61.5

灰陶质。尊敞口，筒形深腹，高足平底。腹部有弦纹六道，每两道弦纹之间饰锯齿纹带、乳钉和出戟。此尊打磨光滑，胎质坚硬，表现出了高超的制胎工艺。

灰陶簋

年　代：商

尺　寸：高12.1厘米，口径12.6厘米

产　地：河南

收藏地：美国国立亚洲艺术博物馆（Freer and Sackler Galleries）

入藏号：F1984.23

泥质灰陶。簋口内敛，圆唇，深腹略鼓，圜底，高圈足。腹部饰弦纹六道，最上面两道弦纹之间以乳钉和出戟间隔，中间刻竖道纹带，足部饰弦纹一道。此簋造型仿商代青铜簋，打磨精细，胎质坚硬，是典型的陶食器。

年　代：商

尺　寸：高11厘米，口径16.8厘米

产　地：河南

收藏地：美国国立亚洲艺术博物馆（Freer and Sackler Galleries）

入藏号：F1984.28

灰陶弦纹罐

泥质灰陶。罐口外折，短颈，溜肩，肩以下渐收，平底。肩与腹部的过渡有明显的折角。颈部饰锯齿纹一周，肩部饰旋纹五道。此类陶器不施釉，以打磨精细为特色。

灰陶双钩纹罍

年　代：商
尺　寸：高33.3厘米，腹径30.3厘米
产　地：河南
收藏地：美国国立亚洲艺术博物馆（Freer and Sackler Galleries）
入藏号：F1939.42

　　泥质灰陶。罍直口，圆唇，短颈，溜肩，肩部两侧饰对称双系，鼓腹下收，平底。此罍胎质坚硬，精细的打磨使得整个罍显得异常光亮。肩部饰锯齿纹一周，腹部刻连续双钩纹，双钩纹的空隙拍印网格纹。此罍将刻划和拍印两种手法运用于一器，别具风格。

白陶几何纹双系罍

年　代：商
尺　寸：高21.5厘米
产　地：河南
收藏地：美国国立亚洲艺术博物馆（Freer and Sackler Galleries）
入藏号：F1985.5a-c

　　罍直口，圆唇，短颈，溜肩，肩部两侧饰对称牛头耳，深腹，腹以下渐收，腹部下方饰对称牛头，平底。肩部刻夔龙纹，腹部通体雕刻纹饰，几何纹和云雷纹交替使用，变化极有规律，显得格外庄重精美。白陶早在新石器时代晚期就已出现。至商代，由于烧成温度提高，原料的淘洗亦较精细，致使白陶的质地更加洁白细腻。商代早期白陶器型以鬶、盉、爵为主，纹饰有人字形纹、拍印的绳纹和附加堆纹等。商代中期，器物增加了豆、罐、钵等，其装饰除少数绳纹外，以素面磨光为多。商代后期是白陶烧制的鼎盛时期，在黄河流域的商代晚期遗址与墓葬中均发现不少白陶，其中以河南安阳殷墟出土的白陶最具特点，器物有觯、壶、尊、卣等酒器和鼎、豆、盘、簋等食器。纹饰常见有云雷纹、漩涡纹、饕餮纹、蝉纹、曲折纹、夔纹等。特别是将细腻的雕刻作为白陶的主要装饰技法，显示了商代后期白陶的高度发展水平。

43

西周

灰陶印纹罐

年　代：西周
尺　寸：高41.3厘米，腹径34.2厘米
产　地：不详
收藏地：美国普林斯顿大学艺术博物馆（Princeton University Art Museum）

入藏号：1998-266

　　罐侈口，口沿外折，短颈，溜肩，圆腹外鼓，平底。硬陶质，通体印纹装饰，纹饰精细。此罐造型庄重深厚，装饰华丽，系实用的印纹硬陶器。

灰陶鬲

年　代：西周

尺　寸：高12厘米，口径15.7厘米

产　地：不详

收藏地：美国国立亚洲艺术博物馆（Freer and Sackler Galleries）

入藏号：RLS1997.48.1853

砂质灰陶。口微敛，宽折沿，折肩，弧形裆，三个深袋装足。此鬲属烹饪器，为仿制青铜鬲制作而成。口沿无纹饰，肩部有粗绳纹一道，腹部及足部遍布绳纹，绳纹交叉出现。从造型和纹饰上来看，是典型的西周时期陶鬲。

灰陶盂

年　代：西周

尺　寸：高13.2厘米，口径50.5厘米

产　地：不详

收藏地：美国国立亚洲艺术博物馆（Freer and Sackler Galleries）

入藏号：S2012.9.566

　　泥质灰陶。盂口外撇，深腹，圜底，高足，足外撇。此盂胎质坚硬，打磨精细。腹部刻弦纹两道，弦纹之间刻S形纹一周。盂为青铜器中常见器型，此件仿青铜器制作而成，是典型的西周硬陶实用器。

年　代：西周
尺　寸：口径6.4厘米
产　地：不详
收藏地：美国印第安纳波利斯艺术博物馆（Indianapolis Museum of Art）
入藏号：1985.3A-B

原始青瓷盂

　　盂直口，扁圆腹，圈足，盖合腹为子母口，盖顶拱起，饰桥形钮。盖钮四周及腹部贴花饰S形纹，腹部饰绳纹和弦纹。盂身及盖施青釉，足部露胎，釉色泛青，这是典型的西周早期原始青瓷的特征。原始青瓷出现于约3000年前的商代，历经西周、春秋、战国、汉代，它是从陶向瓷过渡时期的产物，系从印纹硬陶发展而来。西周时原始青瓷的制作工艺有所提高，出土范围更加广阔。江南地区原始青瓷的出土量及器型比北方黄河流域多且丰富。西周时，釉已成为瓷器的必要组成部分，不仅起隔水、利于清洁的作用，而且有装饰器物使之美观的功能。釉是一种玻璃体，由于其所含金属离子的作用，施于瓷器上，会产生各种颜色。原始青瓷上的釉都呈青色，这是由于釉中含有适量氧化铁所致。

春秋战国

陶罐

年　代：春秋

尺　寸：高42.2厘米，腹径51厘米

产　地：不详

收藏地：美国国立亚洲艺术博物馆（Freer and Sackler Galleries）

入藏号：F1979.45

　　泥质硬陶。罐侈口，圆唇，短颈，圆鼓腹，腹下渐收，平底。此罐胎体坚硬，打磨精细，罐口处可见烧制式形成的烧结物，说明当时陶器的烧制温度已经相当高，此陶罐是春秋时期陶罐的典型器。

绿釉陶双口印纹罐

年　代：春秋

尺　寸：高13.5厘米，口径14厘米

产　地：不详

收藏地：美国国立亚洲艺术博物馆（Freer and Sackler Galleries）

入藏号：RLS1997.48.1847

　　泥质硬陶。因罐高起两圈领口，故又称为复口罐、双唇罐。内圈为口，通入罐内，外圈与内圈间形成凹槽。短颈，溜肩，扁鼓腹，平底。胎质呈黄色，胎体坚硬，双层口可见施釉痕迹，釉层脱落形成斑驳感。腹部起弦纹一周，印纹装饰。此种釉陶可以说是向原始青瓷过渡时期的产品。

彩绘几何纹四系三足壶

年　代：春秋

尺　寸：高22厘米，腹径19厘米

产　地：不详

收藏地：美国国立亚洲艺术博物馆（Freer and Sackler Galleries）

入藏号：RLS1997.48.1859

　　灰色硬陶。壶敞口，折沿，短颈，溜肩，圆鼓腹，肩部两侧饰对称双兽耳和对称桥形耳，平底，底下饰三兽足。红彩装饰，颈部绘曲折纹。腹部刻弦纹三道，红彩绘三角形纹饰。

几何印纹硬陶罐

年　代：春秋

尺　寸：高21厘米，腹径26.7厘米

产　地：不详

收藏地：美国洛杉矶郡立艺术博物馆（Los Angeles County Museum of Art）

入藏号：M.2002.143

　　印纹硬陶。罐侈口、口沿外卷，圆肩，深腹略鼓，大平底。器表满饰拍印的小方格纹和圆点纹。胎质坚硬，呈灰褐色。外施青釉，釉面在光照下光泽明显。

原始青瓷挹鉴罐

年　代：春秋
尺　寸：高15厘米，宽16厘米
产　地：不详
收藏地：美国国立亚洲艺术博物馆（Freer and Sackler Galleries）
入藏号：RLS1997.48.1903

　　原始青瓷器。罐直口，溜肩，筒形腹，平底，器侧有一个扁方棱体鋬。腹部下方饰弦纹三道，弦纹之间刻螺旋纹装饰。罐胎质坚硬，器表施青绿色釉，釉面晶亮。此器是春秋时原始瓷器的典型代表。

陶鼎

年　代：战国

尺　寸：高26厘米，口径21厘米

产　地：不详

收藏地：美国耶鲁大学艺术陈列馆（Yale University Art Gallery）

入藏号：1940.827a-c

　　泥质灰陶。直口微敛、双方形竖耳、浅圆腹，圜底，三个马蹄形足。每个足上部各拍印有一个兽面形纹。鼎盖面隆起，上塑制三个S形钮。全是仿造同期青铜鼎形制。

陶壶

年　代：战国

尺　寸：高38.5厘米，腹径16.5厘米

产　地：不详

收藏地：美国国立亚洲艺术博物馆（Freer and Sackler Galleries）

入藏号：RLS1997.48.1912a-b

　　泥质灰陶。壶敞口，粗长颈，圆腹下收，高足外撇，盖为子口，顶隆起，上塑三个S形钮。此壶胎质坚硬，打磨光滑。最值得注意的是，此壶外壁曾用青铜装饰，上面还残留着前后残片，可见它应是典型的青铜壶替代品，具有很高的历史价值。

陶敦

年　代：战国

尺　寸：高22厘米，腹径15.5厘米

产　地：不详

收藏地：美国国立亚洲艺术博物馆（Freer and Sackler Galleries）

入藏号：RLS1997.48.1870a-b

砂质红陶。器为两个半球形相合而成，有子母口。各具三个"S"形足。盖、器可分置使用。全器胎质坚硬，打磨光滑，光素无纹饰，器表残存金属残片，应为青铜材质。

陶几何纹豆

年　　代：战国
尺　　寸：高27.5厘米，口径23.8厘米
产　　地：不详
收 藏 地：美国国立亚洲艺术博物馆（Freer and Sackler Galleries）
入 藏 号：RLS1997.48.1890a-b

　　泥质灰陶。此豆为有盖豆，器、盖以子母口相合，盖顶拱起，有一圈足状捉手。豆直口，圆腹，长柄，圈足。器腹无纹饰，打磨精细。豆盖刻划多组纹饰，分别为波纹、山字纹和网格纹，每到纹饰之间以弦纹间隔。此豆仿同时代的青铜豆制作而成，外形简单而典雅，纹饰精美而细腻，打磨得非常光滑，乍看之下，宛如色泽明亮的漆器。

灰陶豆

年　代：战国

尺　寸：高24.3厘米，口径15.9厘米

产　地：不详

收藏地：美国国立亚洲艺术博物馆（Freer and Sackler Galleries）

入藏号：RLS1997.48.1914

　　泥质灰陶。豆上部为盘形，下接长柄，柄中部起弦纹三道，足下为圆饼形座。此豆无纹饰，纯以打磨精细取胜，磨光度高，具有非常好的光泽感，是战国时期陶器中的精品。

彩绘陶瓶

年　代：战国

尺　寸：高25.5厘米，腹径15厘米

产　地：不详

收藏地：美国国立亚洲艺术博物馆（Freer and Sackler Galleries）

入藏号：RLS1997.48.1885

泥质灰陶。瓶撇口，细长颈，溜肩，圆腹，平底。红、白、黑三彩装饰。颈部中央起弦纹一道，口沿下绘锯齿纹，弦纹下绘波浪纹，肩部刻波浪纹并彩绘几何纹。腹部有弦纹两道，弦纹之间绘勾连纹一周，下腹部绘云气纹。此瓶胎质坚硬，打磨光滑，纹饰采用划、绘两种装饰手法，显得华丽而典雅。

原始青瓷竖条纹双系活环罐

年　代：战国

尺　寸：高18.4厘米，腹径25.4厘米

产　地：不详

收藏地：美国大都会艺术博物馆（Metropolitan Museum of Art）

入藏号：50.61.10

　　原始瓷器。罐敛口、低领、圆肩、扁圆腹、平底。肩上有两个对称桥形耳，各有一活环。肩与上腹各饰一周竖直线带条划纹。通体施青黄色釉。

原始青瓷提梁壶

年　代：战国
尺　寸：高17厘米，宽18.5厘米
产　地：不详
收藏地：美国国立亚洲艺术博物馆（Freer and Sackler Galleries）
入藏号：F1986.1a-b

  原始青瓷。小口、低领，口上盖有平顶直壁带钮盖。圆肩、圜底，三个兽蹄形足。肩部前有龙首形折角管状流，前后肩间有拱形龙体提梁。提梁上部有两段锯齿纹脊棱扉牙，肩部与腹上部由S形纹与弦纹组成两周宽带条装饰。通体涂有一层青褐色薄釉，是具有江南地方特征的提梁壶。

原始青瓷钲

年　代：战国

尺　寸：高23.1厘米，舞修6.7厘米，两铣间9.3厘米

产　地：不详

收藏地：美国国立亚洲艺术博物馆（Freer and Sackler Galleries）

入藏号：RLS1997.48.1902

原始瓷器自商、周到春秋、战国时期，经过一千多年的缓慢发展，终于达到其鼎盛阶段，质量有了较大的提高，特别是仿青铜礼乐器造型的随葬明器生产十分发达。这件青釉钲就是战国原始瓷中的代表性作品。钲为椭圆形凹口，长扁圆体，凸圆顶，圆柱形柄。上部饰以两周云雷纹及一周三角纹。器外通体施釉，釉色青偏黄，施釉不匀且有流釉，器内无釉露胎。

原始青瓷碗

年　代：战国

尺　寸：高3厘米，口径9.8厘米

产　地：不详

收藏地：美国国立亚洲艺术博物馆（Freer and Sackler Galleries）

入藏号：RLS1997.48.1894

　　碗直口，深腹，平底。通体黄绿色釉装饰，口沿饰对称S形贴饰。此碗釉色明亮，碗形周正，是战国时期实用性很强的日常用具。

中古

陶瓷

  经历了从新石器时代到春秋战国的漫长岁月，中国陶瓷进入两汉时期之后，不仅出现了大量的彩陶、釉陶，更重要的是瓷器的发展开始摆脱了原始瓷器的束缚，以越窑为代表的具有真正意义的瓷器开始登上历史舞台。两汉之后魏晋南北朝时期是越窑发展的里程碑，不仅釉色更为纯净，胎质更为坚硬，装饰手法更为多样，甚至出现了最早的彩瓷制品，这在中国陶瓷发展史具有划时代意义。

> 越器代增华，陶穴斯最古。
> 宣父未足云，虞舜则已睹。
> 有孚比垂象，纳约坎示矩。
> 瓶罍其子孙，水土其父母。
> 铜坚千百多，瓦脆一二数。
> 返朴诚有心，日未艰再午。
>
> ▼ 乾隆皇帝·咏古陶弦文缶

西晋

青瓷蛙盂

英国大英博物馆(British Museum)

西汉

彩绘云气纹茧形壶

年　代：西汉
尺　寸：高24.5厘米，长27厘米，宽18厘米
产　地：不详
收藏地：美国国立亚洲艺术博物馆（Freer and Sackler Galleries）
入藏号：RLS1997.48.1867

　　壶敞口，束颈，腹部呈茧形，圈足外撇。壶身施黑陶衣，红、白二彩装饰，壶身绘涡卷云纹，纹饰舒卷自如，给人以古朴、端庄的感觉。秦、汉时期，这种造型的壶这种造型的壶多流行于陕西关中及河南豫西一带。

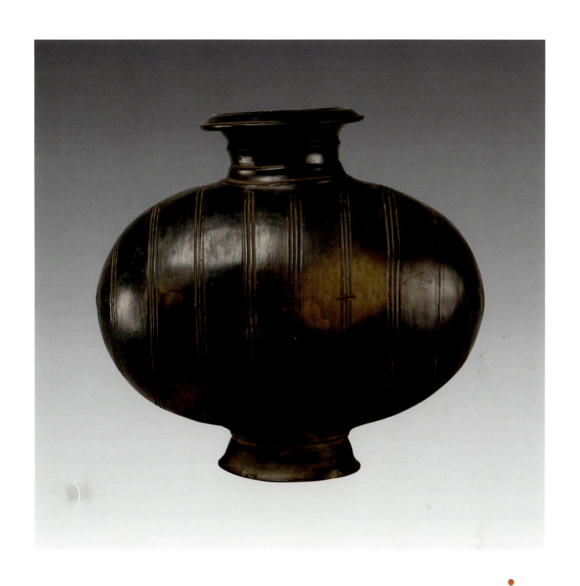

年　代：西汉

尺　寸：高27.3厘米，长29.3厘米

产　地：不详

收藏地：美国大都会艺术博物馆（Metropolitan Museum of Art）

入藏号：1981.466

黑陶茧形壶

　　壶呈唇口，短颈，茧形腹，圈足外撇。壶外施黑陶衣，并饰以多组平行线纹，颈部饰弦纹两周。此壶和台北故宫博物院所藏壶极为相似，从打磨程度上来说，此壶更为晶亮，简单的装饰使得壶更为端庄朴素，是西汉茧形壶中的精品。

83

彩绘陶钫

年　代：西汉

尺　寸：高37厘米，宽19.7厘米

产　地：不详

收藏地：英国维多利亚和阿尔伯特博物馆（Victoria and Albert Museum）

入藏号：C.628-1925

　　钫为平唇，口微外侈，粗颈，溜肩，肩部饰对称铺首，鼓腹，高圈足。盖呈盝顶形，盖与身以子母口相合。此钫以泥质灰陶模制而成，器表磨光髹漆，除下腹部之外，周身用红、白二彩绘花纹。颈部绘锯齿纹一周，腹部绘云气纹。此钫造型优美，线条流畅，色彩淡雅，画面生动。其造型和装饰与汉代漆器相似，是汉代彩陶中的精品。

彩绘狩猎图陶钟

年　　代：西汉
尺　　寸：高45.7厘米，口径17.5厘米，底径21.6厘米
产　　地：不详
收 藏 地：美国大都会艺术博物馆（Metropolitan Museum of Art）

入藏号：1992.165.20a，b

　　钟为敞口，细长颈，扁圆腹，圈足。有碟式小盖，盖与钟以子母口相合。通体以白、黑、红、蓝四彩装饰。盖顶绘云气纹和几何纹。颈部绘锯齿纹和神人纹，肩部绘弦纹两周。腹部主题纹饰为狩猎图，一个身着汉服的男子正在目视前方，张弓射箭，箭头所指的方向有一只蓝色的张牙舞爪的野兽——天狼，这是匈奴的标志，表现了汉灭匈奴的场景。另一侧绘制了一只白虎，人物、天狼和白虎之间辅以云气纹。陶钟为圆形壶，用以盛放酒浆或粮食，在汉代非常流行。此壶所绘纹饰反映了当时的社会状况，并且此类人物纹饰的彩陶器非常少见，因此弥足珍贵。

彩绘云气纹陶壶

年　　代：西汉
尺　　寸：高56.2厘米，口径18.2厘米，底径20.3厘米
产　　地：不详
收 藏 地：美国大都会艺术博物馆（Metropolitan Museum of Art）
入 藏 号：1986.170a，b

　　壶为敞口，束颈，溜肩，肩部两侧饰对称铺首耳，鼓腹，平底，假圈足。盖为圆形，顶部拱起，与壶身子母口相合。此壶通体以红、白、银灰三色装饰。盖顶绘云气纹，口沿下绘弦纹一周，颈部绘锯齿纹和旋转的云气纹，腹部主题纹饰区间阔大，饰流云纹，云中有斑虎、神龙等图案，显得陶壶愈加古朴端正。汉代人笃信谶纬、天人感应、灵魂升天等思想，云中神兽就是作为灵魂升天驾乘的工具而出现的绘画题材，此种纹饰体现了汉代人艺术上的审美观念和灵魂不灭的心态。

彩绘双系陶壶

年　代：西汉

尺　寸：高43.8厘米

产　地：不详

收藏地：英国维多利亚和阿尔伯特博物馆（Victoria and Albert Museum）

入藏号：C.912-1935

　　壶敞口，粗颈，溜肩，鼓腹，腹部两侧饰对称系，腹部以下渐收，圈足。泥质陶器，通体施黑陶衣，以红、白、黑三彩装饰。肩部、腹部各凸起弦纹三周，颈部以锯齿纹、云气纹、波浪纹装饰。腹部主题纹饰为青龙、白虎、朱雀、玄武四灵图案，间饰以云气、杂宝等图案。此壶器型规整，纹饰繁缛，是西汉时期彩陶中的精品。

彩绘云气纹陶器一组

年　代：西汉

尺　寸：鼎高17.9厘米，口径21.1厘米；盒高17.5厘米，口径18.5厘米；杯高11.6厘米，口径9厘米

产　地：不详

收藏地：美国大都会艺术博物馆（Metropolitan Museum of Art）

入藏号：1994.605.32a，b；1994.605.33a，b；1994.605.34；1994.605.35

　　此四件陶器皆为泥质灰陶，施黑陶衣。鼎敛口，双方耳，浅腹，圜底，三个外翻兽形足，口上覆圆顶形盖，盖上有三个钮。盒为扁圆形，盒底与盒盖以子母口相合，平底，弧形盖顶凸脊一周。杯为撇口，深腹，平底。均为红、白二彩装饰，绘云气纹、弦纹和锯齿纹等。此四件陶器色彩鲜艳，纹饰极为相似，应为同一墓葬出土，极为罕见。

彩绘陶鼎

年　代：西汉
尺　寸：不详
产　地：不详

收藏地：英国维多利亚和阿尔伯特博物馆（Victoria and Albert Museum）

入藏号：C.12&A-1935

　　泥质灰陶。鼎敞口，双方耳，浅腹，圜底，三个半凹槽形圆兽形足。口上覆有鼓圆顶陶器盖。在鼎的口沿、双耳与盖顶面上，分别用黑、红、白三色绘画出云气纹、双勾纹等纹样装饰，可惜部分纹饰有些脱落。

彩绘陶鹅首壶

年　代：西汉
尺　寸：高34厘米，腹径21厘米
产　地：不详
收藏地：美国国立亚洲艺术博物馆（Freer and Sackler Galleries）
入藏号：RLS1997.48.1918

　　壶为鹅首形，小口，细长颈，圆鼓腹，假圈足，平底。泥质灰陶，塑形逼真。红白二彩装饰。鹅嘴成白色，红白二色绘眼珠，壶颈做成鹅颈状，上绘细致的羽毛。腹部主题纹饰为云气纹。这种象形器皿在西汉时期颇为罕见，除了这种彩绘鹅首壶之外，还有不加彩绘的鹅首壶。

刻花陶熏炉

年　代：西汉
尺　寸：高11.5厘米，口径13.3厘米
产　地：不详
收藏地：美国国立亚洲艺术博物馆（Freer and Sackler Galleries）
入藏号：RLS1997.48.1878ab

　　熏炉形如陶豆，器身敞口，浅盘腹，盖顶微微拱起，与身以子母口相合，喇叭形座。泥质灰陶，刻划纹饰装饰。盖顶部有五个圆孔，中间圆孔外围刻十字花瓣图案，外围四个圆孔周围刻八个圆圈，靠近边缘的地方刻由圆圈和枝叶组成的花卉纹。盖外壁和器外壁刻相同的菱形圆圈方格纹一周。此炉形制古朴大方，熏炉焚香，香烟可从盖顶的镂孔冒出，可以想见那种烟雾缭绕的画面。此熏炉是汉代贵族室内的实用陈设器。

陶博山炉

年　代：西汉

尺　寸：高15.2厘米，口径13.3厘米

产　地：不详

收藏地：美国大都会艺术博物馆（Metropolitan Museum of Art）

入藏号：1985.214.129a, b

　　炉敞口，圆腹，圜底，下承三个熊形足，盖呈博山形，与身以子母口相合。泥质灰陶，打磨精细。盖身雕成山形，山峰重峦叠嶂，沟壑之间有镂孔以出烟，山上有几只熊嬉戏其间。此炉的特色在于集雕刻与塑形手法于一身，尤其是几只熊的塑造，憨态可掬，栩栩如生，体现了汉代高超的装饰技法。

龙柄陶魁

年　代：西汉
尺　寸：高8.6厘米，口径19.2厘米
产　地：不详
收藏地：美国国立亚洲艺术博物馆（Freer and Sackler Galleries）

入藏号：RLS1997.48.1753

　　魁敞口，深腹，平底，腹部一侧置龙头形柄。泥质灰陶轮制而成，盆内可见轮制痕迹。龙柄为张口形，是典型的汉代龙形象。此魁造型新奇，是汉代典型的实用性陶器。

陶耳杯

年　代：西汉

尺　寸：高4厘米，长13.3厘米，宽12厘米

产　地：不详

收藏地：美国国立亚洲艺术博物馆（Freer and Sackler Galleries）

入藏号：RLS1997.48.1726

　　耳杯为汉代漆器中的常见品，此为仿漆器制作。杯身椭圆如船形，两端微微上扬。杯耳如新月状，微微上翘，器底呈椭圆形。泥质灰陶。两耳印方格纹，外壁无纹饰，杯内心刻花鸟图案，花卉和鸟均锥刻而成，大胆的写意手法将鸟儿刻划得栩栩如生。此类陶杯在汉代墓葬中多有出土，而以刻划手法装饰的则十分罕见。

彩绘陶马

年　代：西汉
尺　寸：高59.7厘米，长54.6厘米，宽16.5厘米
产　地：不详
收藏地：美国洛杉矶郡立艺术博物馆（Los Angeles County Museum of Art）

入藏号：M.2002.146.1

　　马呈立姿，身躯高大，骨骼粗壮，筋肉坚实，胸肌异常宽阔，此马造型仿自汉代征大宛得到的西域天马的造型。马头部瘦削，嘴微张做嘶鸣状，双目炯炯有神，双耳如削竹般竖起，束尾高高翘起，虽为静态却有怒马如龙的气势。马腹中空，头部和尾部均为另行制作的，可以拆装。原有彩绘，大部分已经脱落。

彩绘跪坐俑

年　代：西汉
尺　寸：高50.8厘米，长38.1厘米，宽21.6厘米
产　地：不详
收藏地：美国洛杉矶郡立艺术博物馆（Los Angeles County Museum of Art）
入藏号：M.73.48.122

　　俑呈跪坐姿，头端庄而目视前方，两手置于两腿之上，手已遗失，两膝着地，脚掌向后，臀微坐足跟上。面部塑造生动清晰，有一种典型的东方式的含蓄之美，长发中分，至颈后收束为长垂髻，发梢挽结。身着三重交襟右衽深衣。此俑烧制火候较高，质地坚实，刻工精细，红、白、黑三色彩绘保存基本完好，是汉代陶塑中的经典之作。

彩绘陶舞俑

年　代：西汉

尺　寸：高53.3厘米，长24.8厘米，宽17.8厘米

产　地：不详

收藏地：美国大都会艺术博物馆（Metropolitan Museum of Art）

入藏号：1992.165.19

    陶俑顶发中分，脑后垂髻，身着三层右衽曳地长袍，足登翘头履，履尖露于长袍之外。上体前倾，左臂自然垂于体侧，右臂上举，长长的衣袖如瀑布似地垂落在身后，腰部纤细，双腿微微前曲，一只脚着地，另一只脚则是脚尖着地。舞姿轻盈，潇洒飘逸，右腿略前，左腿稍后，腰肢自然摆动，使身体保持重心平衡，这个舞蹈俑生动地捕捉到了舞者最精彩的瞬间，并把它固定下来，反映出汉代工匠高超的审美情趣和炉火纯青的雕塑技艺。俑为头、身分制，颈下端有圆锥形插榫，可插入空洞的体腔内，舞俑施有彩绘，至今彩绘依然鲜明。这个舞俑的神情相貌，正如汉人崔骃在《七依赋》中所描写的那样："表飞縠之长袖，舞细腰以抑扬。"

彩绘陶骑马俑

年　代：西汉
尺　寸：高28厘米，长29.2厘米，宽10.2厘米
产　地：不详
收藏地：美国耶鲁大学艺术陈列馆（Yale University Art Gallery）

入藏号：2004.123.3.1

　　马为立姿，腿长胸阔，头部瘦削，是典型的汉代骏马形象。马通体红色，另以黑、白两色绘出鞴、辔缰等，细致入微。俑人端坐马背，神态静穆，双手前屈持缰，头系巾，身着交襟右衽至膝短襦，腿扎行縢，表现了汉代轻装骑兵的装备情况。尻部马尾翘起。骑马俑整体造型夸张，体现了汉人骑兵激越昂扬的战斗精神。

绿釉浮雕螭龙纹鼎

年　代：西汉

尺　寸：不详

产　地：不详

收藏地：英国维多利亚和阿尔伯特博物馆（Victoria and Albert Museum）

入藏号：C.290＆A～1915

　　鼎敛口，圆腹，长方形竖耳外撇，小平底，底下饰三个熊形足。泥质红陶，胎质坚硬，通体施绿釉，釉色明亮匀净。鼎腹部采取浮雕装饰，雕有夔龙纹一周，纹饰精细而富有变化，是汉代绿釉瓷器中的精品。

　　釉陶的发明，是汉代陶瓷工艺的一大成就，它为后世各种不同色调的低温釉的出现开创了先河。釉陶是中国原始瓷器向瓷器演变过程中的产物，是处于陶器与瓷器之间的产品，是研究中国陶瓷发展演变过程的重要实物资料。

绿釉浮雕狩猎纹陶壶

年　代：西汉

尺　寸：高36.5厘米

产　地：不详

收藏地：英国维多利亚和阿尔伯特博物馆（Victoria and Albert Museum）

入藏号：C.1479-1924

壶为圆口，口外侈，长颈，斜肩，深腹，腹部下收，近底向下垂，平底。肩部两侧饰对称铺首衔环耳。通体施绿釉，釉色光泽均匀。壶肩部浮雕狩猎纹一周，纹饰中一个人骑马弯弓射猎，山野之间有老虎、羊、鹿、马等野兽以及飞禽等，场面宏大，反映了汉代狩猎活动的真实场景。此壶造型之优美，施釉之均匀，是汉代釉陶的典型器。

绿釉铺首陶壶

年　代：西汉

尺　寸：高50.8厘米，腹径35.6厘米

产　地：不详

收藏地：美国耶鲁大学艺术陈列馆（Yale University Art Gallery）

入藏号：1955.4.60

　　壶盘口，束颈，溜肩，扁圆腹，腹部两侧饰对称铺首衔环耳，足部高而外撇，平底。陶胎胎质坚硬，通体施绿釉，口沿部、肩部、腹部和颈部有凸起的弦纹。此壶釉层凝厚，釉色润泽，表面有很亮的银白色光两层。绿釉主要呈色剂是铜的氧化物，在还原火焰焙烧下釉色呈绿色，但配釉的原料成分很复杂，除铜以外，有铅、硅、铝、镁、钙、铁、银、钛、铍、砷等物质，在地下水的浸泡和腐蚀下，这些物质游离出来附着在釉层表面，附着的层次有多有少，有的能达到20多层。这些沉积物能发出银色光泽，层次越多，银光越强越漂亮。这是判断汉代绿釉陶的主要标准之一。

绿釉彩绘陶壶

年　代：西汉

尺　寸：高24.8厘米，腹径16.5厘米

产　地：不详

收藏地：美国洛杉矶郡立艺术博物馆（Los Angeles County Museum of Art）

入藏号：M.90.99.1

　　壶敞口，束颈，溜肩，鼓腹，圈足。泥质灰陶，胎质坚硬，通体施黄绿釉，釉层肥厚，釉面光洁莹润。外壁以红色彩绘装饰。颈部绘均锯齿纹，肩部绘弦纹并有刻划弦纹。腹部刻划与绘画技法并用，所刻弦纹深而明显，红彩绘制的云气纹、神兽纹在绿地的衬托下十分明显，足胫部绘弦纹和连续菱形纹。此壶是汉代陶瓷中的珍品。

青瓷双系敞口壶

年　代：西汉

尺　寸：高32厘米，腹径21.4厘米

产　地：浙江

收藏地：英国维多利亚和阿尔伯特博物馆（Victoria and Albert Museum）

入藏号：C.138-1913

　　壶敞口，粗颈，颈肩结合处饰对称双耳，圆腹，平底。胎色为火石红色，胎质坚硬。壶上半部分施釉，下半部分露胎，釉色呈黄绿色，光亮莹润。口沿下刻水波纹一周，颈肩结合处刻水波纹一周，肩部刻划上下两组写意鸟纹，双耳上部堆塑S形纹，下部贴塑活环。肩部至腹部有凸起的弦纹三道。此类产品已经脱离了原始青瓷的范畴，是原始青瓷向青瓷发展过程中的代表性产品。

青瓷双系壶

年　代：西汉
尺　寸：高27.7厘米，腹径20.7厘米
产　地：浙江
收藏地：美国国立亚洲艺术博物馆（Freer and Sackler Galleries）
入藏号：F1909.299

　　壶敞口，束颈，溜肩，肩部两侧饰对称双系，鼓腹，平底。胎色呈红色，细腻坚硬。瓶内施黄绿色釉，肩部施釉，颈部及下腹部露胎。颈肩结合处刻水波纹一周，肩部刻划云气纹两组，双耳上部贴"S"形纹，下部有活环，肩部及腹部凸起弦纹三道。此壶是典型的西汉青瓷作品。

东汉

灰陶博山炉

年　代：东汉

尺　寸：高26.7厘米，宽16.8厘米

产　地：不详

收藏地：美国洛杉矶郡立艺术博物馆（Los Angeles County Museum of Art）

入藏号：M.2000.190.3a-b

　　泥质灰陶。炉身呈钵形，子母口，下连喇叭形柱立于浅盘形炉座，座把中空至盘底。器盖呈山峰状，镂空装饰，并刻旋涡纹。博山炉是薰炉的一种，它流行时间较长，造型丰富多彩，颇具意趣。

陶灶

年　代：东汉

尺　寸：高10.5厘米，长10.8厘米

产　地：不详

收藏地：英国维多利亚和阿尔伯特博物馆（Victoria and Albert Museum）

入藏号：CIRC.42-1935

　　灶体呈长方形，前有方形火口，灶上设有一凸起圆形灶口，灶尾处设有二层台烟囱，平底。灶为泥质灰陶制成，胎质坚硬，灶上浮雕鱼、肉等食品图案，并浮雕了水瓢、汤勺等厨具。陶灶在汉代是常见的陪葬品之一，此灶以浮雕手法装饰，别有一番情趣。

陶牛车

年　代：东汉
尺　寸：高17.2厘米，长31.4厘米
产　地：不详
收藏地：英国维多利亚和阿尔伯特博物馆（Victoria and Albert Museum）

入藏号：CIRC.100-1935

　　牛车车盖呈圆拱形，前后伸出长檐，车厢两侧刻假窗，后刻厢门。车厢内坐一男子，双手上举，做挥鞭赶牛之状，目视前方，口微张，似乎在吆喝牛。下部双轮出毂，轮上刻辐条，长辕架于牛背之上。牛呈站立状，站在一块平板上，体态浑劲有力，当为一犍牛。牛头辔饰革带交结处共有六枚圆泡饰，牛身络一横一竖三的革带，其交结处亦附有圆泡。此车采取写实性手法制作，反映了汉代牛车的真实面貌。

朱雀纹瓦当

年　代：东汉

尺　寸：直径21.3厘米

产　地：不详

收藏地：英国维多利亚和阿尔伯特博物馆（Victoria and Albert Museum）

入藏号：C.914-1935

　　瓦青灰色，边轮饰绳纹一周，中间浮雕一只朱雀。此种瓦当在汉代宫殿遗址中出土很多，常见的尚有玄武、朱雀、白虎等图案的。

刻划长颈瓶

年　代：东汉
尺　寸：高23.4厘米
产　地：不详
收藏地：英国维多利亚和阿尔伯特博物馆（Victoria and Albert Museum）
入藏号：FE.17-1989

　　瓶为陶胎，唇口，细长颈，溜肩，扁圆腹，足外撇，平底。此瓶虽为陶胎，但从足胫处可以看出，原器曾经施釉。颈部中间刻弦纹一周，肩部上下两道弦纹之内刻山形纹带一周，腹部刻锯齿纹带一周。此瓶仿青铜瓶制作而成，器型端庄，制作精细，是汉代陶瓶中的精品。

125

彩绘陶舞俑（一对）

年　代：东汉
尺　寸：左高16.5厘米，宽9.5厘米；右高14厘米，宽14厘米
产　地：不详
收藏地：美国大都会艺术博物馆（Metropolitan Museum of Art）
入藏号：1994.605.87a，b

  左边俑头戴冠，裸上体，腹部突出，右手攥拳上举，左手平掌前伸，下穿宽裾喇叭裤，左脚着地，右腿屈膝抬起。右边俑为光头，身体左倾，双手分开，右腿屈膝抬起，左脚着地，服饰与左边俑相似。通体施白彩，口唇部以红彩装饰。两个俑表情不分明，但是嘴角、眼神的夸张表现，给人以诙谐、风趣的感受。这两个俑的舞蹈姿势似乎正在配合同一节奏，相互呼应，别具情趣。汉代艺匠对人物的塑造，着力从大的轮廓整体和身躯大的扭动关系来表现审美对象的精神、气质、个性和情趣。舞俑形神兼备，血肉丰满，活灵活现，是汉代雕塑艺术的杰作。

彩绘陶狗

年　代：东汉

尺　寸：高51.8厘米，长53厘米，宽33.7厘米

产　地：四川

收藏地：美国印第安纳波利斯艺术博物馆（Indianapolis Museum of Art）

入藏号：1999.2A-B

　　此狗红陶胎，胎质粗松，头部、前肢和躯干为分开制作后套合黏结而成。狗造型生动，竖耳、大鼻、短方嘴，眉间鼻梁皆有皱褶，上唇宽大而下垂，下唇短于下唇，昂首直颈，前肢直立，后肢曲坐，躯体肥硕，神态安详。一条宽带从颈部绕至背部结环，用于系绳牵控。颈部带上系有四个铃铛。从外形来看，此狗很像中国有名的斗犬沙皮狗，说明汉代人们已经对沙皮狗进行豢养，是汉代的名贵犬种之一。

绿釉铺首耳盘口壶

年　　代：东汉

尺　　寸：高37.6厘米，腹径27.9厘米

产　　地：不详

收 藏 地：美国国立亚洲艺术博物馆（Freer and Sackler Galleries）

入 藏 号：F1906.247

　　壶盘口，长颈，溜肩，肩部置对称铺首耳，扁圆腹，腹以下呈高假圈足，平底。通体施低温铅绿釉，釉色呈瓜皮绿色。壶身刻弦纹数道，并刻锯齿纹带装饰。此壶造型仿同时期的青铜器，是随葬用品。在中国，低温铅釉的发明要比青釉晚得多，但在汉代已经相当普遍。低温铅釉的特点是釉面光泽感强，表面平整光滑，釉层清澈透明，犹如玻璃一般，但硬度比较低，容易出现划痕，化学稳定性差。

绿釉狩猎纹壶

年　代：东汉

尺　寸：高37.3厘米，腹径28.2厘米

产　地：不详

收藏地：英国维多利亚和阿尔伯特博物馆（Victoria and Albert Museum）

入藏号：C.245-1909

　　壶盘口，粗颈，鼓腹，胫部渐收，平底。胎质呈灰白色，通体施绿釉，釉色光亮云景。腹部浮雕狩猎纹，林中可见飞奔的龙、虎、羊等。战国至汉代的工艺品上流行使用狩猎纹，表现的内容为宴乐、弋射、采桑、狩猎以及水陆攻战等题材，反映了当时的社会生活状况。汉代的陶器上多采用凸雕的方法装饰这些纹样。

绿带盖陶鼎

年　代：东汉

尺　寸：高14厘米，口径17.6厘米

产　地：不详

收藏地：美国国立亚洲艺术博物馆（Freer and Sackler Galleries）

入藏号：F1907.52b

　　鼎直口，口沿两侧置长方形外撇双耳，圆腹，圜底，底下呈三足。顶盖呈圆形，盖顶拱起，与鼎身以子母口相合。鼎胎质呈红色，通体施铅绿釉，釉层凝厚，釉色浓郁。盖顶浮雕云气纹、锯齿纹等，鼎身光素无纹饰。

绿釉陶尊

年　代：东汉
尺　寸：高15.2厘米
产　地：不详
收藏地：英国维多利亚和阿尔伯特博物馆（Victoria and Albert Museum）

入藏号：C.65-1949

　　尊为广口，窄唇，筒形腹，平底，下承三熊形足。红陶质胎，里光素，外施铅绿釉。釉下模印山川、奔鹿、跑马、野猪、犀牛、猴子、狮子等，印纹清晰，画面生动，器表绿釉鲜丽亮泽。铅釉陶的烧制成功，是西汉陶瓷工艺的杰出成就之一。这件绿釉尊，有着翡翠般的美艳绿色，釉层清澈透明，平整光滑，是一件精美的陪葬明器。

年　代：东汉
尺　寸：高28厘米，口径33.2厘米
产　地：不详
收藏地：美国国立亚洲艺术博物馆（Freer and Sackler Galleries）
入藏号：F1950.4a-b

釉陶三足奁

　　奁为广口，筒形腹，平底，下承三个熊形足。上有盖，盖定拱起，置钮，盖与身以子母口相合。此奁为灰陶质，胎质坚硬，外壁施绿釉，釉层已脱落殆尽。盖顶以弦纹和三个乳钉装饰，奁外壁刻水波纹和弦纹，并用红漆隶书写"都布中舍平"等字样。这种有书写款的陶器在汉代十分罕见，尤其是隶书。

绿釉陶高足碗

年　代：东汉

尺　寸：高7.9厘米，口径18.1厘米

产　地：不详

收藏地：英国维多利亚和阿尔伯特博物馆（Victoria and Albert Museum）

入藏号：C.149&A-1938

高足碗有两部分组成，上部碗为敞口，深腹，圜底。下承竹节形柄。柄的上端为浅盘状，下端有底座，座为平底。此高足碗胎色泛红，通体施绿釉，高柄釉色单一，碗的釉色则呈现出黄绿交错的斑块，给人一种别样的美感。

绿釉三联灯盏

年　代：东汉

尺　寸：高19厘米，宽25.6厘米

产　地：不详

收藏地：美国国立亚洲艺术博物馆（Freer and Sackler Galleries）

入藏号：F1919.106

灯盏呈三联式，三个圆形灯盏被挂环联系在一起，盏为敞口，弧腹，圜底，底下有乳钉式足。胎质为红色，通体施绿釉，釉色发出具有金属光泽的银灰色，光亮如新。此灯盏造型新颖，设计巧妙，是东汉时期的陶制实用器。

绿釉跽妇抱婴陶灯

年　代：东汉
尺　寸：高22.7厘米，宽9.8厘米
产　地：不详
收藏地：美国国立亚洲艺术博物馆（Freer and Sackler Galleries）
入藏号：F1904.332

陶灯是以一个怀抱婴儿、长跪于地的妇女形象制作的，妇女头上顶着筒形灯柱。整个陶灯造型完整厚重，体态生动，线条简洁，体现出了汉代朴实无华的艺术风格。通体施绿釉，釉色斑驳。

绿釉两层陶望楼

年　代：东汉

尺　寸：高84.4厘米，宽44厘米

产　地：不详

收藏地：美国国立亚洲艺术博物馆（Freer and Sackler Galleries）

入藏号：F1907.68a-d

　　望楼为建筑明器，象征水上建筑，是园林景观的组成部分。下为圆形池塘，内有龟、鱼、鸭等水族动物浮游，并矗立一座两层重檐四阿顶楼阁，一层、二层各有围栏环周，角檐处皆有四十五度角斜挑梁转角拱，正脊上站立一只振翅欲飞的朱雀，各垂脊置有飞鸟装饰，房坡上布瓦垄。整个楼阁布有迎宾俑、吹奏俑、张弓欲射俑，还有一位主人正在临阁眺望。通施绿釉。从楼阁建筑及设施可知，这是一座可居、可眺望的别墅式模型，也是达官显贵们空幻升仙的理想寓所，又是瞭敌防御永保安乐的建筑工事。因此，它是研究东汉建筑史及社会生活史极其珍贵的实物资料。

145

绿釉陶望楼

年　代：东汉

尺　寸：高104.1厘米，长57.5厘米，宽29.8厘米

产　地：不详

收藏地：美国大都会艺术博物馆（Metropolitan Museum of Art）

入藏号：1984.397a，b

　　望楼为明二暗三的楼阁结构，分为上中下三层，下层房间立于三层台阶的高台之上，有长方形门窗，歇山檐，檐下出两个三层斗拱，并设有楼梯，一名男子正在拾级而上。中层房间位于下层房间的栏杆之下，有两个窗户，并有五个斗拱。斗拱上承镂空栏杆，栏杆上承平台，平台之上为顶楼，重檐庑顶式，檐前出拱，两侧有圆形窗户，前面为两个长方形窗户和一个菱花形窗户。在右侧窗口，有一个女子正在倚窗眺望。屋顶布瓦垄，四面起脊。此楼通体施绿釉，釉色明亮，整个楼房的设计十分巧妙，斗拱、楼梯、窗户、栏杆十分写实，从男子和女子的位置来看，这座楼房很可能表现的是女子的闺楼，是汉代富贵人家生活的真实反映。

绿釉陶庭院

年　代：东汉
尺　寸：高6.6厘米，长16厘米，宽11厘米
产　地：不详
收藏地：美国国立亚洲艺术博物馆（Freer and Sackler Galleries）
入藏号：RLS1997.48.13

　　庭院三面有围墙，院内塑有石碾、石磨，碾盘之上有一只鸡，石磨盘边有一只狗，石碾和石磨之间有一只牛，在院子的左侧用两堵墙围成一个狭小的空间，里面有一块石头，根据布局安排，这里很可能是厕所。院子为泥质灰陶，陶土细腻坚硬，通体施绿釉，墙头刻连续 X 形纹。这个庭院布局紧促，以写实的手法真实反映了汉代的农家院落，尤其是石碾和石磨，几千年来没有发生过变化，不能不让人为之感慨。

绿釉陶羊圈

年　代：东汉

尺　寸：直径21.3厘米

产　地：不详

收藏地：英国维多利亚和阿尔伯特博物馆（Victoria and Albert Museum）

入藏号：C.884-1936

泥质红陶。圈呈圆形，一侧开方形门，圈内有五只羊，一个男童骑在一只大羊的身上。羊群通体施绿釉，釉色明润。整个羊圈形象写实逼真，是汉代绿釉陶明器中的珍品。

绿釉陶羊圈

年　代：东汉
尺　寸：高23.5厘米，长27.5厘米
产　地：不详
收藏地：美国大都会艺术博物馆（Metropolitan Museum of Art）
入藏号：1994.605.21

　　羊圈呈半圆形，有半圆形围墙和长方形宽台，一角有阶梯，可登上宽台。宽台上有一座单脊双坡悬山式储物库房，房门为长方形，通过阶梯可直接进入库房。圈内有六只羊，两只卧在地上，四只站立，羊群之中有一个身披斗篷的女子正在给婴儿哺乳。羊圈为泥质灰陶，通体施绿釉，其中一只羊施黑釉，显得格外醒目。这个羊圈独特的地方就是羊圈中哺乳的妇女，她很有可能就是家中的奴仆，而羊圈可能就是汉代家奴生活起居的场所之一，这是汉代奴隶生活状况的真实写照。

绿釉陶井

年　代：东汉
尺　寸：高30.2厘米，宽15.7厘米
产　地：不详
收藏地：美国国立亚洲艺术博物馆（Freer and Sackler Galleries）
入藏号：FSC-P-4269

  器型颀长，井呈筒状，中部有凸起弦纹一道。井垣平面呈圆形，上附井架。井架略呈"大"字型，两柱立于井口两侧，中部横梁两端形象地塑成龙首，张口做喷水状，梁上有象征性的屋宇一所，中间穿孔可穿系井绳。陶井为泥质红陶，通体施绿釉。此器造型逼真，酷似实物，充满了生活气息。

绿釉陶米碓

年　代：东汉

尺　寸：高6.9厘米，长18.6厘米

产　地：不详

收藏地：美国国立亚洲艺术博物馆（Freer and Sackler Galleries）

入藏号：F1907.70

米碓置于长方形陶板之上，一端有方形碓窝，碓窝内放置着上方下圆的碓首，碓首连接碓杆，碓杆置于透雕栏杆式碓架之间。此器为泥质红陶，通体施绿釉，为仿制真实的米碓制作而成。

年　代：东汉

尺　寸：高26.7厘米，长24.1厘米，宽11.4厘米

产　地：不详

收藏地：美国大都会艺术博物馆（Metropolitan Museum of Art）

入藏号：1991.253.1

绿釉陶狗

　　陶狗通体施绿釉，釉色富有光泽，四足端处露胎，胎土呈红色。狗呈立状，双耳耸立，巨目方口，双目凝视前方，神情机警。颈部有项圈，项后有环可以套拴绳，可见是豢养的驯狗。身上刻纹以象征狗毛。此狗造型优美，憨态可掬。

绿釉陶羊

年　代：东汉
尺　寸：高8.5厘米
产　地：不详
收藏地：英国维多利亚和阿尔伯特博物馆（Victoria and Albert Museum）

入藏号：C.804-1936

　　陶羊呈立状，四足着地，双目为贴塑，炯炯有神，双绞呈半环形，躯干浑圆。通体施绿釉。在汉代陪葬陶器中，猪、狗、牛、羊、鸡、鸭等家畜家禽十分常见，这在当时是财富的象征，因此为死者陪葬此类陶器，寄望能在阴间依然过着和阳世同样的生活。

青瓷刻纹镂空簋

年　代：东汉

尺　寸：高19.4厘米，口径21.6厘米

产　地：不详

收藏地：美国耶鲁大学艺术陈列馆（Yale University Art Gallery）

入藏号：1940.824a-b

簋圆形，附盖。口沿微外撇，弧腹，高圈足稍外撇。胎色灰白。通体施釉，釉色青中泛褐。盖顶置环形钮，钮上套圆环，并塑有三个兽形足。盖面刻花叶和三角纹。口沿镂空小圆孔一周并刻划树枝纹。腹部刻菱形纹。簋为盛食器，功能相当于大碗，以陶质、青铜质或瓷质较为常见。新石器时代大溪文化、良渚文化、昙石山文化以及夏、商、西周遗址和墓葬中均有出土。早期陶簋一般为侈口，圆腹，圈足，有的有双耳。商代中期开始，器型演变为敛口、折沿、深腹、圜底、圈足，有的则为敞口、卷沿、斜腹。商代始见原始青瓷簋，三国至西晋时浙江的青瓷窑依然烧制瓷簋。

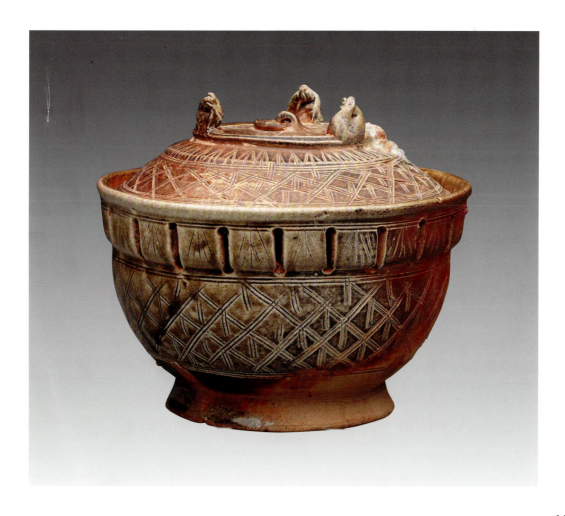

青瓷双系罐

年　代：东汉
尺　寸：高32.9厘米，腹径38.2厘米
产　地：浙江
收藏地：美国国立亚洲艺术博物馆（Freer and Sackler Galleries）

入藏号：F1952.10

　　罐口平沿，无颈，溜肩，鼓腹，胫部渐收，平底微内凹。肩上对称置长方耳并套活环。外壁施青釉至腹。腹部凸弦纹带内刻凤鸟纹。双耳刻划兽面纹，并贴塑S形纹。此罐器型饱满，线条流畅。凤鸟纹系陶瓷器装饰的传统纹样之一。凤是远古传说中"出于东方君子之国"的神鸟，是远古氏族图腾之一，其形象神秘奇异。凤鸟纹最早出现在新石器时代的彩陶上，后来的瓷器上大量使用这种纹饰。

青瓷兽耳瓿

年　代：东汉
尺　寸：高20.2厘米，腹径26.6厘米
产　地：浙江
收藏地：美国国立亚洲艺术博物馆（Freer and Sackler Galleries）
入藏号：S1992.8

瓿口平沿，无颈，溜肩，鼓腹，胫部渐收，平底。肩上对称置兽耳。外壁施青釉至腹。腹部凸弦纹带内刻水波纹。此器为仿制青铜瓿而成，器型规整，胎质坚硬，釉色明净，给人以美的享受。

青瓷五联瓶

年　代：东汉
尺　寸：高26.5厘米，腹径19.7厘米
产　地：浙江
收藏地：美国国立亚洲艺术博物馆（Freer and Sackler Galleries）
入藏号：F1984.9

　　五联瓶上部由五个小钟组成，中间高大，四周相对较小，下部做成罐形，溜肩，鼓腹，平底。瓶的上半部分施釉，下半部分露胎，胎釉结合牢固。底部墨书一"定"字。五联瓶，又称五管瓶，是东汉时期江、浙一带的常见器型，此种器皿的发展至三国时期演变为谷仓罐。

青瓷双系壶

年　代：东汉
尺　寸：高33.5厘米
产　地：浙江
收藏地：德国科隆东亚艺术博物馆（Museum für Ostasiatische Kunst）
入藏号：F91.13

　　壶洗口，束颈，溜肩，鼓腹，腹以下渐敛，假圈足外撇，平底。肩部置对称系。通体内外施青釉，外壁施釉不及底。颈、肩部刻划水波纹。此瓶釉色凝结成了许多明亮的斑块，异常罕见，是东汉时期青瓷中不可多得的珍品。

青瓷虎子

年　代：三国

尺　寸：高17.5厘米，长21厘米，宽11.1厘米

产　地：浙江

收藏地：美国洛杉矶郡立艺术博物馆（Los Angeles County Museum of Art）

入藏号：53.41.1a

虎子通体施青釉，釉色均匀透亮，开细密的纹片，口部饰张口露齿的虎首，背部有一提梁，尾端以铺首装饰，束腰，前后腿做伏地状。器型浑圆，线条流畅，制作精细，为六朝时期青瓷虎子中的上乘之作。

青瓷灯

年　代：三国
尺　寸：高12.7厘米，直径14厘米
产　地：浙江
收藏地：美国洛杉矶郡立艺术博物馆（Los Angeles County Museum of Art）
入藏号：M.73.48.124

　　灯是两汉三国时期很常见的用具之一，种类繁多，形制各异。此灯自上而下分为三段：上部为灯盏，为一鼓腹敞口小碗；灯柱为喇叭形，自上而下凸起三道弦纹；灯盘为直口平唇直壁平底，底下承以三个熊形足。通体施青釉，釉色明净，釉层紧密，此灯继承了汉代熊足装饰的传统，而又有创新，是一件十分难得的三国时期越窑瓷器珍品。

西晋

青瓷谷仓罐

年　代：西晋
尺　寸：高45.4厘米，腹径30.3厘米
产　地：浙江
收藏地：美国大都会艺术博物馆（Metropolitan Museum of Art）

入藏号：1992.165.21

　　罐为撇口、短颈，折肩，深弧腹，平底内凹。上有堆塑装饰。肩部堆塑佛像一圈，佛像均坐于双头狮子莲台之上，背有圆光，顶有肉髻，慈目下垂，身着法衣，双手结印，跏趺而坐。罐口之上塑造门阙楼阁，房屋高耸，布局紧促，在楼阁上下塑有大象、梅鹿、飞禽、人物等，数量众多。罐身贴塑神兽、骑兽神人等图案。此罐通体施青釉，釉色凝重，造型端庄，堆塑神态极为生动。最值得称赞的是罐身佛像的塑造，为后世研究西晋时期的佛教传播和佛教造像艺术提供了珍贵的资料。

青瓷谷仓罐

年　代：西晋

尺　寸：高52.1厘米，腹径28.8厘米

产　地：浙江

收藏地：美国克利夫兰艺术博物馆（Cleveland Museum of Art）

入藏号：1988.21

　　罐为敞口，溜肩，鼓腹，平底。上层堆塑的顶端为一重檐四阿顶建筑，正中有一门台，四角各立望楼一座，各望楼之间塑武士两个立于门口，当门塑一佛像。下层有望楼四座，八个手持乐器的乐俑正在演奏。罐身刻多重弦纹，并贴塑铺首、神兽等图案。通体施青釉，足部露出红色胎体。

青瓷谷仓罐

年　代：西晋
尺　寸：高38.8厘米
产　地：浙江
收藏地：日本大阪市立东洋陶瓷美术馆（The Museum of Oriental Ceramics, Osaka）
入藏号：01201

　　罐顶部雕塑建筑一组，中心位置为一四阿顶望楼，楼正面檐下开梯形窗，窗口下塑有飞鸟两只，飞鸟下塑人物四个并有一只鸟；楼背面开长方形窗，窗下为两层小楼，楼下立柱，柱前站立武士两个；两侧设有门阙和小望楼。楼前立双阙，一阙下塑持剑武士，一阙下塑持笏文吏，双阙之间塑龟驮碑，碑面上刻"会稽。出始宁。用此丧葬宜子孙，作吏高迁众无极"。可知此罐的产地就是今天浙江上虞一带。罐体为溜肩、弧腹、平底，罐身上贴附蛙头、铺首、骑兽俑、舞蹈俑。纹饰内容丰富，制作精良，施青黄色釉。此谷仓集拉坯、拍片、捏塑、范印、雕刻等多种技法于一体，以其器型规整、保存完好而鹤立鸡群、独领风骚。

青瓷铺首罐

年　代：西晋
尺　寸：高17.2厘米，口径12.2厘米
产　地：浙江
收藏地：美国克利夫兰艺术博物馆（Cleveland Museum of Art）
入藏号：1984.5

罐直口，溜肩，肩部塑有四个铺首，鼓腹下收，平底。通体施青釉，釉色明净。肩部有弦纹两道，刻水波纹带一周，印圆圈纹一周。肩部以下通体印菱形纹带，菱形纹之间填以竖道纹，纹带之间以弦纹间隔。此罐器型规整，胎质细腻，施釉均匀，是西晋时期越窑青瓷中的杰作。

青瓷贴花人物纹双系罐

年　代：西晋
尺　寸：高12.6厘米，腹径17.2厘米
产　地：浙江
收藏地：英国大维德基金会（Percival David Foundation of Chinese Art）
入藏号：PDF, A.200

罐直口，丰肩，敛腹，平底。肩部有两个竖系，两系之间贴塑佛像。肩部印圆圈纹、网纹装饰。通体施青釉，釉色均匀，佛像的雕塑精巧细腻。贴塑佛像在西晋时期比较流行，这些佛像为研究西晋的佛教盛行提供了一个很珍贵的实物例证，说明在当时佛教已经渗透到了人们的日常生活之中。

青瓷鸡首壶

年　代：西晋
尺　寸：高12.5厘米，腹径11.9厘米
产　地：浙江
收藏地：美国耶鲁大学艺术陈列馆（Yale University Art Gallery）

入藏号：1999.64.1

　　壶盘口微侈，束颈，溜肩，鼓腹，平底。肩上正面贴塑鸡头，后面雕塑鸡尾，左右置对称环形耳。肩部刻弦纹，并施菱形纹和竖道纹。火石红胎，通体施青釉，釉色如茶绿，有垂流现象。鸡首壶是西晋时期仿动物装饰时尚的一种表现，此壶塑造的鸡头活灵活现，装饰效果极佳。

青瓷印纹簋

年　代：西晋
尺　寸：高13.2厘米，口径24厘米
产　地：浙江
收藏地：英国大英博物馆（British Museum）
入藏号：1971,0922.1

簋圆唇外卷，敞口，浅腹，高圈足。外壁有凸起的弦纹两道，弦纹之间印网纹带一周。通体施青釉，釉色青黄，略有施釉不均匀的现象，开细碎纹片。此簋虽为仿青铜簋制作，但已经失去了青铜簋的原始面貌，开始出现了更多的时代特色。

年　代：西晋
尺　寸：高8.9厘米，口径13.2厘米
产　地：浙江
收藏地：英国维多利亚和阿尔伯特博物馆（Victoria and Albert Museum）
入藏号：C.78-1949

青瓷尊

尊敞口，唇沿，筒形腹，平底，下承三熊形足。器内壁有弦纹，外壁中部以下饰弦纹、网格纹和联珠纹一周，纹饰四周贴塑辟邪。通体施青釉，釉层均匀，呈色泛灰。此尊造型优美，制作精细，是西晋时期青瓷中的精品。

青瓷贴花铺首双鱼纹盆

年　代：西晋

尺　寸：高8.5厘米，口径33.6厘米

产　地：浙江

收藏地：英国大维德基金会（Percival David Foundation of Chinese Art）

入藏号：PDF.250

　　盆直口，宽沿，腹部稍外弧，平底内凹。腹外壁印锦纹，并贴四个铺首，内心刻双鱼纹。通体施青釉，釉色青黄而均匀。此盆所刻双鱼形象逼真，在西晋瓷器中十分少见，是西晋越窑青瓷中的珍品。

青瓷洗

年　代：西晋
尺　寸：高8.6厘米，口径35.6厘米
产　地：浙江
收藏地：美国国立亚洲艺术博物馆（Freer and Sackler Galleries）
入藏号：F1952.26

洗敞口，宽沿，弧腹，平底内凹。唇沿、内底刻划装饰水波纹，腹外壁印网格纹和联珠纹，并贴铺首四个。通体施青釉，釉色黄绿，底部可见支钉痕，十分别致。洗为西晋时期常见的器物。该器制作规整，装饰繁缛，釉色明亮。

青瓷托盘耳杯、勺

年　代：西晋

尺　寸：高3厘米，口径14.5厘米

产　地：浙江

收藏地：美国国立亚洲艺术博物馆（Freer and Sackler Galleries）

入藏号：RLS1997.48.1692

　　托盘敞口，浅腹，平底。盘内并列盛有两个耳杯，两个耳杯之间放着一把勺。通体施青釉，釉层轻薄，开细小纹片。此类器皿为西晋时期殉葬中常用的明器。

青瓷熊灯

年　代：西晋

尺　寸：高11.5厘米，宽15.7厘米

产　地：浙江

收藏地：英国大维德基金会（Percival David Foundation of Chinese Art）

入藏号：PDF, A.202

此灯分上中下三段：上端为灯盏，为一鼓腹敛口小碗；中段为灯柱，为一直立的熊的形象，熊的腹前印有流苏条形纹，后背刻条纹以象征皮毛；下端为灯盘，为直口、平唇、平底，唇沿印网格纹。此灯通体施青釉，与中国国家博物馆所藏"甘露元年"铭熊灯有异曲同工之妙。

青瓷熊形烛台

年　代：西晋
尺　寸：高9.8厘米，长8.9厘米，宽7.6厘米
产　地：浙江
收藏地：美国洛杉矶郡立艺术博物馆（Los Angeles County Museum of Art）
入藏号：M.2005.68.1

烛台为灰色胎，施青釉，釉色均匀。模制成型。造型为一只踞坐的熊，熊头顶为烛台，巨目努出眶外，短鼻阔口，獠牙出唇。通体施茸毛状纹和卷曲纹。此烛台为西晋时期的青瓷精品。

青瓷狮形烛台

年　代：西晋
尺　寸：高25.4厘米，长21厘米
产　地：浙江
收藏地：英国维多利亚和阿尔伯特博物馆（Victoria and Albert Museum）
入藏号：C.145-1913

　　烛台为狮子造型，整体做仰首蹲伏状，背上有一浅管，用来插蜡烛。狮子竖耳，双目直视，张口露齿，颔下饰长须，头后、背脊鬃毛纤细，自然下垂至腹部，腹侧毛旋转如水波。短足前屈，足部压印斜方格纹。尾巴收伏于臀部，呈蕉叶状。全身施青釉，釉色匀净无暇。此烛台造型优美，富有情趣，既是一件很精美的实用器，又是一件工艺高超的艺术品。

年　代：西晋

尺　寸：高10厘米，腹径14厘米

产　地：浙江

收藏地：美国费城艺术博物馆（Philadelphia Museum of Art）

入藏号：1997-134-1

青瓷虎子

虎子圆筒形口，虎首上仰，口鼻张扬，虎牙外露，腹部为球形，上刻简化的虎皮图案。背部安弯曲的圆柱绳纹提梁。平底。通体施青釉，釉色泛黄。此虎子与常见的虎子不同，原本写实的虎身变成了球形圆腹，别具特色。

青瓷羊形烛台

年　代：西晋

尺　寸：高30厘米，长33厘米，宽22厘米

产　地：浙江

收藏地：美国波士顿美术博物馆（Museum of Fine Arts，Boston）

入藏号：1993.644

　　青瓷羊为灰白色胎，施青釉，釉面晶莹，匀净无暇。瓷羊身躯肥壮，双角勾住双耳，双目突出，口微张，颔下有须，脊背两侧饰四个钮，尾巴较短，贴于臀部，四足蜷曲，宁静安详。羊头上有一圆孔，可以用来插物。此件瓷羊，是西晋青瓷中的精品。

青瓷扁壶

年　代：西晋
尺　寸：高22.2厘米，腹径22.3厘米
产　地：浙江
收藏地：美国波士顿美术博物馆（Museum of Fine Arts，Boston）

入藏号：50.1047

　　壶为直口，短颈，溜肩，扁圆形腹，肩部及下腹部对称各置一系，椭圆形平底。通体施青釉，釉色明润。口沿下饰凹弦纹一周，肩部以圆圈和菱形组成链条形装饰带，前后腹面以圆圈环带连成鸡心形，并贴塑铺首衔环。整器型制规整，釉质莹润，是西晋时期越窑中的精品。

年　代：西晋

尺　寸：长15厘米，宽11.5厘米，高8厘米

产　地：浙江

收藏地：英国大英博物馆（British Museum）

入藏号：1968,0422.20

青瓷蛙盂

　　盂为小筒形口，扁鼓腹，底小而略内凹。通体施青釉，釉色明亮。蛙口张开含一小盘，前肢捧盘，双目圆睁直视前方，后肢蜷曲，形象地表现出了青蛙的形态，蛙体上施弦纹、圆圈纹等，使得青蛙更为栩栩如生。蛙盂是三国、两晋时期的水注类器物，以三国至两晋中期的造型最为优美。

青瓷蛙盂

年　代：西晋
尺　寸：高5.4厘米
产　地：浙江
收藏地：英国大维德基金会（Percival David Foundation of Chinese Art）

入藏号：PDF.289

　　胎土呈灰色，通体施青绿色釉，底部无釉。器物整体造型为一青蛙，器腹为扁圆形，似青蛙鼓起的腹部，上有小口，口部四周分别堆塑青蛙的头、尾及四肢，蛙嘴张开，原有下盘，已遗失，蛙头上仰，蛙眼突出，四肢蜷缩在身旁，如同在等待捕食一样。身上以圆点和线条装饰，使得整个青蛙栩栩如生。

青瓷鸡舍

年　代：西晋

尺　寸：高7厘米，宽10.4厘米

产　地：浙江

收藏地：英国大维德基金会（Percival David Foundation of Chinese Art）

入藏号：PDF.295

鸡舍呈半圆形，前有两个方形开口供鸡出入，平底，前面有一条供鸡嬉戏的空地。鸡舍上蹲着两只正在梳理羽毛的鸡。通体施青釉，釉色明净。

年　代：西晋

尺　寸：高9.5厘米，长16.8厘米，宽9.9厘米

产　地：浙江

收藏地：美国国立亚洲艺术博物馆（Freer and Sackler Galleries）

入藏号：RLS1997.48.1695

青瓷灶

　　灶为船形，尖端镂有烟孔，灶上有两个火眼，一个上面固定着釜，另一个上面固定着甑，正面开有火门。全器施青釉，光素无纹饰，底边露胎。此为陪葬用灶，俗称"鬼灶"，其形制结构应和当时的实用灶相似。

东晋

青瓷鸡首盘口壶

年　代：东晋
尺　寸：高19.1厘米
产　地：浙江
收藏地：美国大都会艺术博物馆（Metropolitan Museum of Art）
入藏号：1979.353

　　壶为浅盘口，细颈，弧腹，平底。肩部前侧饰有一仰首高鸣的鸡首，后侧为柄，左右两侧各附一桥形耳。通体施青釉，釉色明净。此壶造型优美，形制规整，是东晋时期越窑的精品。

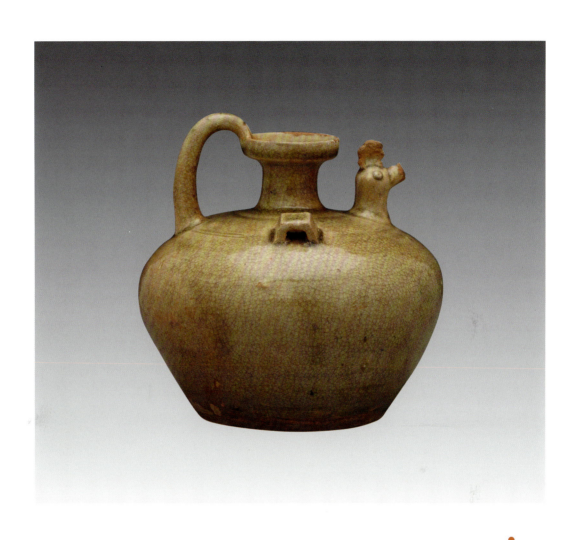

青瓷鸡首壶

年　代：东晋

尺　寸：高14厘米，腹径8.3厘米

产　地：浙江

收藏地：美国耶鲁大学艺术陈列馆（Yale University Art Gallery）

入藏号：1941.18

壶为浅盘口，束颈，丰肩，圆腹，平底。鸡首昂立，肩部有两个对称的桥形耳。壶柄弯曲。此壶通体施青釉，釉色呈黄绿色，有细碎的开片，是典型的东晋时期鸡首壶。

黑瓷鸡首壶

年　代：东晋
尺　寸：高14厘米，腹径8.3厘米
产　地：浙江
收藏地：美国国立亚洲艺术博物馆（Freer and Sackler Galleries）

入藏号：1941.18

　　壶盘口，细颈，无肩，圆鼓腹下收，平底。鸡头长颈高冠，龙形柄上端连于盘口沿上，下端连于壶上腹，上腹两侧置对称桥形钮。腹底部露胎，胎呈灰色。通体施黑釉，釉面匀净，且有细小开片。此器制作端正，各部位比例协调，尤其是以鸡首装饰壶体，给人一种视觉上的美感。从造型和黑釉的特点判断，此壶是东晋德清窑的产品。德清窑遗址位于今浙江省德清县境内，所烧造的精良黑瓷别具一格，成为当时颇具声誉的特殊瓷窑，同时兼烧青瓷。黑釉和青釉虽都以氧化铁为着色剂，但黑釉中氧化铁的含量比青釉中高，达到6%～8%。东晋黑釉瓷以浙江德清窑为代表。常见的器物除鸡头壶外，尚见有碗、钵、盘、罐、盘口壶等日用器皿。其烧造历史较短，大抵在东晋至南朝早期的一百多年间。

青瓷四系罐

年　代：东晋
尺　寸：高21.1厘米，腹径29厘米
产　地：浙江
收藏地：美国波士顿美术博物馆（Museum of Fine Arts, Boston）
入藏号：38.958

罐为大直口，肩部两侧对称置一对复系，前后各贴塑一个铺首，腹部外鼓而下收，平底。通体施青釉，釉色均匀明润。肩部印带状网格纹和圆圈纹。此罐造型规整，形体硕大，作为六朝时期常见的储物器，早期的罐腹部较大，底略小，而东晋时期则上腹渐收，重心向下，造型更趋实用。

青瓷水盂

年　代：东晋
尺　寸：高3.7厘米，腹径7.8厘米
产　地：浙江
收藏地：美国国立亚洲艺术博物馆（Freer and Sackler Galleries）

入藏号：RLS1997.48.1682

　　水盂为敛口，扁圆腹，平底。口沿部饰凸线纹一道，腹部正中施凹弦纹一道，器身遍布编织纹。通体施青釉，釉色黄绿，釉不及底。造型小巧而别致。

青瓷灯盏

年　代：东晋
尺　寸：高10.5厘米，宽14.6厘米
产　地：浙江
收藏地：美国国立亚洲艺术博物馆（Freer and Sackler Galleries）
入藏号：F1991.64

　　灯由盏、柱、盘三部分组成。盏呈钵形，下连两头宽中间窄的束腰形空心支柱，柱下连接托盘，托盘为敞口、浅腹、平底。盏外壁饰弦纹，支柱中部印网格纹，并有一圆孔。通体施淡青釉，釉不及底，胎色灰白。此灯形制独特，是东晋越窑青瓷的典型器。

南北朝

青瓷鸡首壶

年　代：南北朝

尺　寸：高21.6厘米，腹径18.1厘米

产　地：浙江

收藏地：英国维多利亚和阿尔伯特博物馆（Victoria and Albert Museum）

入藏号：C.51-1910

　　壶洗口，细颈，斜肩，圆腹，平底。肩一侧有流，呈短颈仰首高冠的鸡头形，中空与腹相通。与之相对的一侧有曲柄连于口部。壶两边对称各置一桥形系。通体施青釉，釉色泛黄，鸡眼和鸡冠点以褐彩，十分传神。南北朝时期的鸡首壶已经没有了西晋时期的带状印纹装饰，形成了装饰简洁、以褐斑为特点的新风格。

青瓷双鸡首壶

年　　代：南北朝

尺　　寸：高36.5厘米，口径12.4厘米

产　　地：浙江

收藏地：美国布鲁克林博物馆（Brooklyn Museum）

入藏号：1996.26.2

　　壶盘口，细颈，丰肩，腹斜收，平底。肩部置对称方桥形横系。前置双鸡首，鸡圆嘴，高冠，长颈。后为双圆泥条形鋬，鋬上端塑龙首，龙口衔盘口沿，通体施青釉。此器造型生动别致，为鸡首壶中的精品。鸡首壶在六朝时期因时代不同壶形差异很大，时代越早形体越矮，时代越晚形体通常越高，南朝鸡首壶即属于后一种情况。此壶器型修长，制作独特，具有典型的南朝鸡首壶风格。

青瓷点彩鸡首壶

年　代：南北朝

尺　寸：高24厘米

产　地：浙江

收藏地：英国大英博物馆（British Museum）

入藏号：1972,0127.1

　　壶为浅盘口，细颈，弧腹，平底。肩部前侧饰有一个昂头高唱的鸡首，后侧置曲柄，一端连于瓶口，一端连于肩部。左右两侧各置一桥形耳。肩部饰弦纹。通体施青釉，壶口、柄上端、鸡冠、鸡睛和桥形耳的上端均用褐彩点缀，显得十分别致。点彩装饰手法南北朝时期经常可以见到，这种点缀效果的施彩手法，改变了单色釉的单调性，使得器物更为别致，增强了美感。

青瓷盘口壶

年　代：南北朝
尺　寸：不详
产　地：浙江
收藏地：英国大英博物馆（British Museum）

入藏号：1924,1215.42

　　壶为大盘口，短颈，肩部黏附对称复系，并有弦纹一道，腹部上鼓下收，假圈足，平底。此壶胎质呈灰色，施青釉，釉色浅淡。此壶出土于扬州，应是南朝时期越窑的产品。

青瓷刻莲瓣纹盘口壶

年　代：南北朝

尺　寸：高24.8厘米，口径11.7厘米

产　地：浙江

收藏地：美国布鲁克林博物馆（Brooklyn Museum）

入藏号：1996.26.14

　　壶盘口，束颈，丰肩，肩部置对称复系，鼓腹下收，平底。通体施青釉，釉色泛灰。上腹部以纤细的线条刻划莲瓣纹。此壶器型规整，腹部丰满，纹饰细腻，具有典型的南朝时期越窑青瓷的风格。

青瓷鸡水盂

年　代：南北朝

尺　寸：高3.8厘米，腹径14厘米

产　地：浙江

收藏地：美国大都会艺术博物馆（Metropolitan Museum of Art）

入藏号：1998.335

盂敛口，广肩，扁圆形腹，假圈足，平底。肩部前侧塑鸡嘴和两只夸张的眼睛，后侧塑鸡尾，腹部两侧刻线条以象征鸡翅，口沿饰凹弦纹一道。此盂通体施青釉，釉不及底，釉色呈青绿色，造型别致，小巧可爱。

青瓷莲花檠

年　代：南北朝

尺　寸：高18厘米，宽12.5厘米

产　地：浙江

收藏地：美国国立亚洲艺术博物馆（Freer and Sackler Galleries）

入藏号：RLS1997.48.1680

此件为青瓷灯檠，在圆盘上树立一个多角形柱，柱顶有双环，用以插蜡烛。柱的下端塑莲花两朵，造型美观别致。

青瓷羊形插座

年　代：南北朝
尺　寸：长15.2厘米
产　地：浙江
收藏地：美国大都会艺术博物馆（Metropolitan Museum of Art）
入藏号：1991.253.2

　　羊呈卧姿，仰首面含微笑，二目炯炯有神，弯曲的双角、后摆的双耳则给人以动态美。体态丰满，不失优雅，四肢似蹲似立，尾巴紧贴臀部。羊头顶部有一小孔，可以用来插蜡烛。此羊形插座通体施青釉，釉色莹润，造型惟妙惟肖，给人展示了一只温顺活泼的羊的形象，是一件实用与美观巧妙结合的工艺品。

青瓷虎子

年　代：南北朝
尺　寸：长21.6厘米
产　地：浙江
收藏地：英国维多利亚和阿尔伯特博物馆（Victoria and Albert Museum）

入藏号：C.834-1936

　　虎子造型别致，釉色明润。虎首仰起，锯齿獠牙，如同长啸，四足着地，充满力量，身体浑圆，肌肉发达。最特别的是这把虎子的柄为一只跃起的猛兽，猛兽的口部紧紧咬住了老虎的顶门，可以说老虎的动作恰恰是应为疼痛而引起的,具有十足的动态美感。这种独特的设计，显示出了匠师的高超技艺，是南北朝青瓷中的极品。

青瓷灶

年　代：南北朝

尺　寸：高9厘米，长15厘米，宽10厘米

产　地：浙江

收藏地：美国国立亚洲艺术博物馆（Freer and Sackler Galleries）

入藏号：RLS1997.48.1617

　　灶呈船形，尖端有一圆孔作为烟囱，灶上有两个火眼，一只置釜，釜内有一勺，一只置甑，一个俑在灶旁做持甑状，前有火口，火口中有几根柴火，另一个俑在火口前做观火烧柴状。此灶通体施青釉，釉色闪黄，有细碎的开片。这是一件典型的南朝青瓷器，虽形制小巧，但却将古代厨房的劳作情景生动地表现了出来，这种带有厨和俑的青瓷灶模型十分少见，弥足珍贵。

青瓷高足盘

年　代：北朝
尺　寸：高11.4厘米，口径26厘米
产　地：河南洛阳
收藏地：美国费城艺术博物馆（Philadelphia Museum of Art）

入藏号：1958-21-1

　　盘为斜壁，稍浅，口微敛，内底心微凸，喇叭形足稍高，足端微外卷。通体施青釉，釉色青绿，釉面滋润，略有厚薄不匀之感。器内刻弦纹两组，内底有叠烧其他器皿留下的五个支钉痕，是一件造型简练、朴实无华的日用品。

青瓷狮子噬牛纹扁壶

年　代：北朝

尺　寸：高31.4厘米

产　地：河南洛阳

收藏地：美国洛杉矶郡立艺术博物馆（Los Angeles County Museum of Art）

入藏号：AC1997.17.1

　　此壶形体扁圆，上窄上宽，口微侈，短颈，扁圆腹，平底实足。周身施青釉，釉色泛黄。腹部两侧模印相同的狮子噬牛纹。一只矫健的牛被雄狮咬住背部，牛头低垂，口张开似乎在发出哀鸣，一只小狮子正在吮吸牛乳，狮子身后有三个胡人，一人手持缰绳，面部惊恐，另外两个人手持木棒和匕首正在和狮子搏斗。胡人均为深目高鼻，着窄袖长衣，表情丰富。这种充满异域风格的场面，显然受到了外来风格的影响。此壶造型别致，胎质细腻，纹饰精美，是研究中西方文化交流不可多得的实物资料。

黄釉印花盘

年　代：北朝

尺　寸：高3.8厘米，口径13厘米

产　地：河南洛阳

收藏地：美国大都会艺术博物馆（Metropolitan Museum of Art）

入藏号：1998.335

盘侈口，浅斜腹，平底。通体施黄釉，釉色凝厚。盘内壁及盘内心印花装饰。最外层印忍冬纹一周，中层印菊瓣纹一周，盘心由外至内分别印串枝纹、缠枝纹，缠枝纹之间有三只相互追逐的狼，最核心是由联珠纹围绕的狮子纹。由外至内纹饰多达六层，如此繁缛的纹饰，在南北朝时期十分罕见，这个黄釉盘是北朝的典型代表。

青瓷贴花尊

年　代：北齐

尺　寸：高35.2厘米，口径13.7厘米，底径15.2厘米

产　地：河南洛阳

收藏地：美国大都会艺术博物馆（Metropolitan Museum of Art）

入藏号：1996.15

　　尊口外撇，平唇，长颈，折肩，圆腹下收，高圈足。通体施青釉，呈色黄绿，釉面莹润。颈部中间凸起弦纹三道，颈部下方贴忍冬花纹，中间间隔以联珠纹。肩部饰联珠纹一周。腹部主题纹饰为联珠纹内刻胡人像四个，四个人面均为深目高鼻，阔口微张，大耳垂轮，笑容可掬，是典型的西域男子形象。人面纹之间辅火焰飘带纹、忍冬纹和联珠纹。足胫部起弦纹三道，弦纹下贴忍冬纹一周。此尊造型新颖，纹饰繁缛，多样的西域风格纹饰反映了北齐时期中国对外交流的频繁，是中外文化交流史上的重要见证。

青瓷花口长颈瓶

年　代：北齐

尺　寸：高60厘米，腹径30.2厘米

产　地：河南洛阳

收藏地：美国国立亚洲艺术博物馆（Freer and Sackler Galleries）

入藏号：F1930.33

　　瓶花口外侈，细长颈，溜肩，鼓腹，平底。通体施绿釉，釉色闪银灰。贴花装饰。颈部贴三个联珠菱形纹。肩部贴三个铺首，每个铺首之间饰联珠乳钉。此壶器型修长，装饰简洁，器型和纹饰均仿自西亚金属器皿，是深受西方风格影响的青瓷制品。

隋唐

陶瓷

　　隋代虽然二世而亡，但这一时期的陶瓷业却比较发达，上承南北朝，下启唐代，大量的青瓷和白瓷制品是隋代陶瓷中的杰作。唐代在继承隋代瓷器的发展上，形成了以定州、邢州为代表的白瓷产地，以越窑为代表的青瓷产地，以装饰见长的鲁山窑、长沙窑等。更为重要的是唐三彩的烧制成功，写下了陶瓷史上浓墨重彩的一笔，为宋代以后彩瓷的发展奠定了基础。

> 九秋风露越窑开，
> 夺得千峰翠色来。
> 好向中宵盛沆瀣，
> 共嵇中散斗遗杯。
>
> ——唐·陆龟蒙·秘色越器

唐

三彩高足盘

英国大英博物馆（British Museum）

隋代

青釉刻花瓶

年　代：隋
尺　寸：高25.4厘米，腹径12.4厘米
产　地：不详
收藏地：美国大都会艺术博物馆（Metropolitan Museum of Art）
入藏号：1985.214.130

　　瓶撇口，细长颈，椭圆腹，圈足。通体施青釉，施釉不及底，近足处露胎，胎质细腻，釉色呈黄绿，密布细碎开片。颈部饰螺旋纹，肩部刻莲瓣纹，上腹部刻胡人舞蹈纹，其下刻花卉纹一周，纹饰之间以弦纹相隔。此瓶形体规整，纹饰精美，是隋代青瓷中的珍品。

青瓷四系罐

年　代：隋

尺　寸：高22厘米，腹径18.8厘米

产　地：不详

收藏地：美国国立亚洲艺术博物馆（Freer and Sackler Galleries）

入藏号：F1910.18

　　罐圆口，无颈丰肩，腹略鼓，腹下渐敛，近底处外撇，平底略内凹。肩部四系对称，腹部凸起弦纹一道。器身施釉不及底，有垂流痕迹。底无釉，露胎，胎呈红色。四系罐主要流行于河南、河北、陕西一带，是北方人喜爱的一种器物。此罐从造型和施釉手法上来看，是隋代的典型器。

青瓷贴花壶

年　代：隋

尺　寸：高19厘米，腹径11.4厘米

产　地：不详

收藏地：美国费城艺术博物馆（Philadelphia Museum of Art）

入藏号：1923-21-284

壶浅盘口，长颈，溜肩，鼓腹下收，平底。通体施青釉，施釉不及底，釉垂流，近足处露胎。肩部置三个复系，并有凹弦纹三道，肩腹结合处贴花装饰。此壶从造型和纹饰看，为隋代典型瓷器。

青瓷蒜头瓶

年　代：隋

尺　寸：高18.4厘米

产　地：不详

收藏地：美国印第安纳波利斯艺术博物馆（Indianapolis Museum of Art）

入藏号：1985.4

　　瓶为蒜头形，敛口，短颈，溜肩，鼓腹，圈足为外撇。通体施青釉，釉不及底，底露白胎。自颈部以下刻弦纹数道装饰。蒜头瓶最早出现在隋代，此瓶造型新颖，装饰质朴，是隋代青瓷的佳作。

白瓷双龙柄瓶

年　代：隋

尺　寸：高39.1厘米

产　地：河北

收藏地：英国维多利亚和阿尔伯特博物馆（Victoria and Albert Museum）

入藏号：C.85-1939

　　瓶盘口，弦纹长颈，长圆鼓形腹，平底，两双龙柄连接于盘口与瓶肩之上。龙口紧紧衔住盘口，形成了此瓶最突出的部分。给人以匀称稳重之感，亦便于提拿，集装饰性与实用性于一身，瓶身通施白釉。此类器物形成于隋代，盛行于唐代。

白瓷瓶

年　代：隋
尺　寸：高21.6厘米，口径7厘米，底径6.7厘米
产　地：河北
收藏地：美国大都会艺术博物馆（Metropolitan Museum of Art）
入藏号：17.130

　　瓶侈口，平沿，细长颈，丰肩，圆腹，圈足。通体施白釉，光素无纹饰。隋代陶瓷的一个重要成就是白瓷的烧制成功。根据检测结果，隋代白瓷胎釉中所含的三氧化二铁含量仅为1.12%，烧成温度达到1170摄氏度左右，已经达到了现代白瓷的标准。此瓶胎质洁白，白色釉闪青，保留了青瓷的一些痕迹。

白瓷刻莲瓣纹蒜头瓶

年　代：隋

尺　寸：高31.4厘米，口径4.8厘米，底径5.7厘米

产　地：河北

收藏地：美国大都会艺术博物馆（Metropolitan Museum of Art）

入藏号：2006.426

瓶为蒜头口。细长颈，溜肩，长圆腹，假圈足。通体施白釉，釉色明净。颈部饰弦纹，肩部刻覆莲瓣纹，莲瓣修长，雕刻精细。莲瓣纹下饰联珠纹一周。下腹部刻弦纹两道。此瓶形体修长，造型规整，是隋代白瓷中的精品。

白瓷三系罐

年　代：隋

尺　寸：高16.5厘米，腹径13.3厘米

产　地：河南/河北

收藏地：美国国立亚洲艺术博物馆（Freer and Sackler Galleries）

入藏号：F1965.14

  罐为直口，丰肩，肩部饰三个复系，圆腹，腹部下敛，假圈足外撇，平底。通体施白釉，釉色泛黄，密布细碎开片。隋代罐以四系、六系、八系最为常见，这种三系罐十分少见。

白瓷四系罐

年　　代：隋

尺　　寸：高30.5厘米

产　　地：河南巩县

收藏地：美国国立亚洲艺术博物馆（Freer and Sackler Galleries）

入藏号：1968,0422.23

罐直口，圆肩，腹部呈椭圆形，自中部以下渐收，假圈足，平底。肩部置四系，为双瓣重合状。器表施白色釉，釉色明润，洁白度高。足底露胎，胎质呈白色，器身密布细碎的冰裂纹。

白瓷水盂

年　代：隋
尺　寸：高8.3厘米，腹径11.4厘米
产　地：不详
收藏地：美国大都会艺术博物馆（Metropolitan Museum of Art）
入藏号：1994.605.45

盂敛口，扁圆腹，圜底。盂内外皆施白釉，釉色洁白，微微闪黄。此盂形制小巧，制作规整，是隋代白釉瓷器中的精品。

白瓷高足盘

年　代：隋

尺　寸：高6.3厘米，口径11.3厘米

产　地：不详

收藏地：美国国立亚洲艺术博物馆（Freer and Sackler Galleries）

入藏号：RLS1997.48.1070

盘侈口，口缘外撇，平底，喇叭状高足。通体施白釉，釉色泛黄，密布细碎开片，光亮晶莹。足底露胎无釉。此盘造型清新大方，是隋代瓷器的典型器。

白瓷蟠螭烛台

年　代：隋

尺　寸：高29.8厘米

产　地：不详

收藏地：美国克利夫兰艺术博物馆（Cleveland Museum of Art）

入藏号：1930.322

此烛台通体施白釉，筒形口，座柱中空，有上下两层承盘，圈足为覆盆形，内中空。灯柱上有条矫健的螭龙紧紧盘绕，上出双爪举灯做撑张状，下出两爪抓住底座上刻的莲瓣。此灯雕刻细腻，形态生动，在实用的同时又起到了良好的装饰效果。

白釉武士俑

年　代：隋

尺　寸：高35.9厘米

产　地：不详

收藏地：美国洛杉矶郡立艺术博物馆（Los Angeles County Museum of Art）

入藏号：48.3.17

此俑呈立姿，头戴盔，上身着甲，下着裤褶，腰束革带，足蹬靴，右手平握，左手置于腹部。通体施白釉。该俑双眉倒竖，二目圆睁，嘴唇微闭，气势雄猛，属隋代雕塑艺术中的珍品。

唐代

三彩鸿雁纹盘

年　代：唐
尺　寸：高6厘米，口径28.9厘米
产　地：河南
收藏地：美国大都会艺术博物馆（Metropolitan Museum of Art）
入藏号：14.66

　　盘口为板沿式，平底，下承三足。通体以白釉为地，盘心刻三朵祥云围绕一只鸿雁，外环为荷叶纹和荷花纹。施以黄、绿、蓝三色，底无釉。此盘造型规整，盘心图案以刻划填彩方式装饰，画面呈现凹凸状，立体感强。由于采用了素烧工艺，胎体致密，釉色以绿彩为主，色调清新淡雅，在三彩盘中较为少见，堪称唐三彩器中的精品。

三彩宝相花纹盘

年　代：唐

尺　寸：高7厘米，口径29.8厘米

产　地：河南

收藏地：美国大都会艺术博物馆（Metropolitan Museum of Art）

入藏号：1994.605.47

　　盘侈口，直壁，平底，底置三个环形足。外壁施绿釉，绿釉直至底部，底中心露白胎，三足皆施绿釉。内壁施黄釉，釉上有稠密的白色斑点。盘心以绿釉为地，刻祥云纹和宝相花纹。施以黄、白、绿三彩，颜色对比强烈，纹饰清新雅致。此盘纹饰采用先刻后填彩的手法，匠心别具，是唐三彩瓷器中具有很强艺术感的珍品。

三彩高足盘

年　代：唐
尺　寸：高11.2厘米，口径36厘米
产　地：河南
收藏地：英国大英博物馆（British Museum）

入藏号：1936,1012.211

　　盘敞口，弧壁，高圈足外撇。外壁施黄绿色釉，遍布白色的斑点。内绘宝相花纹，施以黄、绿、白三彩，形成自然的垂流。此盘器型规整，纹饰简洁，是三彩器中的珍品。

三彩花卉纹碗

年　代：唐

尺　寸：高6厘米，口径16.5厘米

产　地：河南

收藏地：美国大都会艺术博物馆（Metropolitan Museum of Art）

入藏号：2006.431

碗撇口，深腹，弧壁，浅足。内外皆施白釉，外壁施釉不及底。内壁三彩装饰，口沿部以蓝彩绘竖道纹，碗心以蓝彩和黄彩采用点彩的方式连成五瓣花卉纹。这种点彩手法是唐三彩瓷器的特色装饰手法之一，体现了唐代的审美特色。

三彩杯盘

年　代：唐

尺　寸：直径6.7厘米

产　地：河南

收藏地：英国维多利亚和阿尔伯特博物馆（Victoria and Albert Museum）

入藏号：CIRC.1252H-1926

　　杯盘由承盘、七个小杯和一个小罐组成。承盘为敞口，坦底，下承以三短足。盘内置小杯环绕中心小罐。盘外壁及杯、罐器身施黄、白、绿等色釉，釉色鲜亮亮丽，盘内无釉。此套杯盘应为饮具，是用来随葬的明器，是唐代现实生活细节的一个再现。这种样式的饮具在唐代颇为流行，承盘上的小杯为五至七个。

三彩盖罐

年　代：唐
尺　寸：高24.2厘米，腹径21.3厘米
产　地：河南
收藏地：英国维多利亚和阿尔伯特博物馆（Victoria and Albert Museum）
入藏号：F1955.12a-b

罐为侈口，口沿外翻，短颈，丰肩，鼓腹，平底。带盖，盖与身以子母口相合，盖顶拱起，置宝珠钮。罐身用黄、绿、蓝、白四色装饰，盖与身的纹饰相似，都是在颜料自然垂流的效果上点缀斑点纹。此罐造型规整，胎质洁白，衬托的三彩十分鲜亮。

三彩凤纹凤首壶

年　代：唐
尺　寸：高33厘米
产　地：河南
收藏地：美国大都会艺术博物馆（Metropolitan Museum of Art）

入藏号：1975.1.1648

壶口呈凤头状，细颈，扁圆形腹，高足外撇，平底。通体施绿、褐、白等釉，底足无釉。一侧置曲柄。腹部形成两面开光体，采用塑贴装饰技法，一面为人物骑马射箭图，另一面为飞翔的凤鸟图。此壶造型巧妙，塑贴技法使画面具有浅浮雕效果，物象鲜明突出，线条流畅，色彩鲜艳华丽，堪称佳品。凤首壶在初唐时即开始流行，是唐三彩陶器中常见的器型，它与同时期另一种常见的双龙柄壶一样，明显具有波斯萨珊式器物的造型风格。这种巧妙地把外来文化与传统民族艺术结合起来的装饰手法，是唐三彩造型上的创新。

三彩贴花双龙耳壶

年　代：唐

尺　寸：高47.4厘米，口径11.4厘米，底径10厘米

产　地：河南

收藏地：日本东京国立博物馆（Tokyo National Museum）

入藏号：TG-647

　　壶为盘口，束颈，圆肩，鼓腹，平底，肩上置龙形双柄，龙口衔壶口，颈部有凸线纹两道。三彩装饰，以赭、绿、黄、白四色为主色，腹部贴宝相花纹四个。三彩双龙壶在唐三彩瓷器中较为常见，但这种贴花装饰的并不多见。施釉采用了形成于唐代的三彩施釉常用技法。龙首部分及龙背的凸起部位等有意识地分开施釉，但瓶身部分则是将鲜艳的绿色与赭色交错同施，釉液流串交融，对比十分强烈。

三彩荷叶口执壶

年　代：唐

尺　寸：高28.3厘米

产　地：河南

收藏地：美国大都会艺术博物馆（Metropolitan Museum of Art）

入藏号：1997.1.2

壶为荷叶形口，细颈，圆腹，高足，平底，竹节状龙形柄，龙口衔于壶口。龙尾与壶身相连。颈部凸起弦纹两道，足胫部有弦纹一周。黄、绿、白三种色釉重叠交融，宛如夜空中的烟花，层层开落，闪闪烁烁，多姿多彩，造型色彩非常成功。三彩荷叶壶保留了唐代执壶的特点，在细节上将西亚壶式的优点完美地结合到中国传统的造型之中，带有异域情调的荷叶口巧妙地嫁接到执壶上，不仅丰富了中国的陶瓷造型，更是中国与中亚、西亚文化交流和友好往来的历史见证。

三彩双鱼壶

年　代：唐
尺　寸：高24.3厘米
产　地：河南
收藏地：英国维多利亚和阿尔伯特博物馆（Victoria and Albert Museum）
入藏号：C.88-1939

壶呈双鱼并联状，平面呈椭圆形，双鱼口合二为壶口，鱼尾下垂做成壶底。双鱼二目圆睁，鱼鳃相连，鱼脊突出。壶腹部刻纹以象征鱼鳞。通体施黄、绿两色釉，釉间互相浸润，呈现出非常淡雅的色彩效果。此壶构思巧妙，造型独特，反映了唐代贵族兼实用与美观于一身的高雅审美情趣。

三彩绞釉枕

年　代：唐
尺　寸：高9.5厘米，长19.4厘米，宽13厘米
产　地：河南
收藏地：美国大都会艺术博物馆（Metropolitan Museum of Art）

入藏号：2001.342

　　枕为椭方形，为唐代常见的枕式。此枕侧面有一圆孔，通体以黄釉为地，黑、褐二色釉装饰。釉色之间的角质变化，形成了颇似树木年轮和行云流水的效果，又好像是飞湍直下冲击形成的漩涡，这种特殊的釉彩就是唐三彩中的特殊品种绞釉器物所具有的。绞釉工艺是在唐代绞胎工艺的基础上发展而来的，一种全新的施釉方式。

三彩陪葬俑一组

年　代：唐

尺　寸：高106.7厘米

产　地：河南

收藏地：英国大英博物馆（British Museum）

入藏号：1936, 1012.220-225

　　这一组三彩陪葬俑据传出土于河南洛阳刘廷荀墓，一共是十三件，除了一对镇墓兽、一对武士、一对文吏之外，还有两匹马、两匹骆驼和三个马夫。当时这一组陪葬俑被放置在主墓室的入口处。镇墓兽形制基本相同，面貌狰狞，给人以恐惧感。武士一人束发穿盔甲踩在黄色的牛背上，一人顶盔攒甲踩在异兽身上。两个文吏皆为拱手侍立状，一个面有须，一个白面无须。两匹马皆膘肥体壮，一匹饰黄釉，一匹挂绿彩装饰。骆驼皆为双峰驼，仰首长鸣，背负重物。三个马夫皆为胡人形象，身穿窄袖长衣，其中一人照顾骆驼，两人照顾马匹。整组陪葬俑施彩鲜亮，造型优美，如此完整的成规模的三彩俑十分罕见，不仅是唐三彩中的珍品，更是研究唐代丧葬制度不可或缺的实物资料。

279

281

三彩侍女俑

年　代：唐
尺　寸：高37.5厘米，长15.4厘米，宽14.3厘米
产　地：河南
收藏地：美国大都会艺术博物馆（Metropolitan Museum of Art）
入藏号：2010.120

　　俑呈坐姿，发式为乌蛮髻，发为黑色。面庞圆润，施淡淡的胭脂色，双眉描画细腻，双目微睁凝视前方，鼻直口正，嘴角带着轻微的笑意，是典型的唐代美人形象。上身穿黄色衫襦，下身穿绿色长裙，双手置于胸做吹奏状，坐在一个束腰形机凳上，右脚赤脚放在左腿上，鞋放在地上，鞋边有一只白色的小狗。此俑体态丰腴，表情惟妙惟肖，人物动作静中有动，整个造型艺术感强烈，是唐代雕塑中的上等珍品。

越窑青釉盘口壶

年　代：唐
尺　寸：高24.1厘米
产　地：浙江
收藏地：英国维多利亚和阿尔伯特博物馆（Victoria and Albert Museum）

入藏号：CIRC.51-1927

壶为浅盘口，短颈，溜肩，肩部两侧饰对称复系，鼓腹下收，平底。通体施青釉，施釉不及底，近足处露出红色的胎。此壶是唐代越窑瓷中的精品，器型较大，造型规范端庄，为罕见的佳作。青瓷的烧造技术到唐代已相当成熟，尤以浙江越州一带所产的青釉瓷器更是不同凡响。唐人陆羽在《茶经》中评论各地所产瓷器时把越窑评为第一，清乾隆皇帝也以"李唐越器人间无"之诗句加以赞美。

越窑青釉双鱼壶

年　代：唐
尺　寸：高23.6厘米
产　地：浙江
收藏地：英国大维德基金会（Percival David Foundation of Chinese Art）
入藏号：PDF.251

壶为双鱼连体形，整体如椭圆，鱼口做成壶口，鱼脊突出，鱼尾做成壶底，底平。通体施青釉，釉色呈深青色。在壶体上刻划出鱼鳃和细密的鱼鳞，近足处刻出鱼尾纹。此壶施釉纯净，造型优雅，纹饰精细，是越窑青瓷中罕见的珍品。

287

越窑青釉渣斗

年　代：唐
尺　寸：高11.1厘米，口径16.8厘米
产　地：浙江
收藏地：英国大维德基金会（Percival David Foundation of Chinese Art）
入藏号：PDF.266

渣斗为大侈口，斜壁，束腰，圈足。全器由两部分组成，上部为侈口碗，去底留足卧于下部的罐口内黏合而成。胎质细腻，呈浅灰色，通体施淡青釉，积釉处呈青绿色，釉色莹润光泽，釉面满布细碎开片纹，足际有垂泪痕。

越窑青釉双凤纹洗

年　代：唐

尺　寸：高6.5厘米，口径17.8厘米

产　地：浙江

收藏地：英国大英博物馆（British Museum）

入藏号：1947,0712.46

　　洗敞口，弧腹，圈足。通体施青釉，釉呈浅青绿色，正如唐代诗人陆龟蒙描述的"九秋风露越窑开，夺得千峰翠色来"。洗外壁刻仰莲瓣纹，盘心刻双凤纹，凤体盘边辅以云气纹。足底刻一"永"字。唐代越窑青瓷以其釉色之美著称于世，为当时全国青瓷之冠。唐代越窑青瓷釉质细腻，透明度好，釉色极为优美，青绿色调，浑厚滋润，其胎体灰白色，浅淡的胎骨使釉色愈加亮丽幽美，釉面犹如一湖清水。此洗基本具备了上述特点，可谓唐代越窑青瓷中的精品。

邢窑白釉执壶

年　代：唐
尺　寸：高13.3厘米，腹径8.3厘米
产　地：河北内丘
收藏地：英国维多利亚和阿尔伯特博物馆（Victoria and Albert Museum）
入藏号：CIRC.108-1938

  壶为喇叭口，短颈，丰肩，肩部一侧有短流，另一侧置龙形柄，龙头衔壶口，龙尾贴于肩部，长腹下收，圈足。通体施白釉，釉色略微泛青，透明度高，光泽感强。此壶的造型是典型的唐代执壶造型，制作规整，施釉及釉色特点则是典型的邢窑风格。

邢窑白釉凤首壶

年　代：唐
尺　寸：高37厘米，腹径17.5厘米
产　地：河北内丘
收藏地：美国布鲁克林博物馆（Brooklyn Museum）
入藏号：54.7

　　壶口为凤头形，凤钩喙张开而露舌，舌上卷，二目突出，目上饰如意形眉，凤冠呈 V 形，中间有口为壶口。细长颈，圆肩，肩部一侧置长流，另一侧连接颈肩置曲柄，圆鼓腹下收，圈足。颈部饰凸线纹两道，肩部刻弦纹三道。通体施白，釉色莹润泛金属光泽。此壶造型优美，雕刻手法精湛，在唐代凤首壶中十分罕见，是唐代邢窑瓷器的精品佳作。

邢窑白釉罐

年　代：唐
尺　寸：高19.4厘米，口径10.2厘米，底径8.9厘米
产　地：河北内丘
收藏地：美国大都会艺术博物馆（Metropolitan Museum of Art）
入藏号：2013.231

　　罐口微撇，短颈，圆腹，腹以下渐收，平底，底无釉。胎、釉洁白细腻。邢窑是唐代著名的瓷窑，在河北省内丘曾发现其窑址。创烧于初唐，流行于中唐，唐末五代时由于原料匮乏等原因而日渐衰落。唐人对邢窑多有记述，陆羽在《茶经》中称其产品如雪似银，李肇在《国史补》一书中称："内丘白瓷瓯，端溪紫石砚，天下贵贱通用之。"说明邢窑白瓷在当时使用得极其广泛。

邢窑白釉唾壶

年　代：唐

尺　寸：高10.4厘米，口径15.6厘米

产　地：河北内丘

收藏地：美国国立亚洲艺术博物馆（Freer and Sackler Galleries）

入藏号：F1909.325

唾壶口外撇，口沿呈漏斗形碗状，扁圆腹，平底。上部近似浅碗，下部略如水盛。整个器型是两者结合而成，器里外满釉，底无釉。这件白釉唾壶胎质洁白细腻，结构紧密，釉色雪白、莹润，属白釉瓷中的上乘之作。

邢窑白釉花口盘

年　代：唐

尺　寸：高8.9厘米，口径15.9厘米

产　地：河北内丘

收藏地：英国维多利亚和阿尔伯特博物馆（Victoria and Albert Museum）

入藏号：C.15-1950

盘口沿为五瓣花口，弧腹，浅圈足。通体施白釉，色呈乳白，光亮润泽，外壁可见聚釉现象，胎质轻薄紧密。此盘素白如雪，高洁素雅，表现了古代工匠的艺术造诣。

黑釉洒彩罐

年　代：唐
尺　寸：高24.1厘米
产　地：河南
收藏地：英国维多利亚和阿尔伯特博物馆（Victoria and Albert Museum）
入藏号：CIRC.795-1924

　　罐口外撇，无颈，丰肩，圆腹，平底。内外皆施黑釉，近足处露胎。外壁黑釉地上施乳白色釉斑，这种制瓷工艺是唐代的新创工艺，被称为花釉工艺，主要流行于河南鲁山、郏县、禹县等地的窑口，所制作品风格大同小异，具有质朴自然的艺术风格。在海外这种花釉瓷制品被称为"唐钧"。

黑釉花瓷双系壶

年　代：唐
尺　寸：高29.2厘米
产　地：河南
收藏地：美国大都会艺术博物馆（Metropolitan Museum of Art）
入藏号：1972.274

　　壶口为花式，短颈，溜肩，肩部两侧置对称双系，双系下出戟，圆腹，平底。内外皆施黑釉，外壁黑釉地上有灰蓝彩斑。花釉瓷的特点是在黑釉、黄釉、黄褐釉或天蓝釉上，缀以天蓝或月白色斑纹，斑纹大小多少不等，或规整有序，或飘洒自如，以深色釉衬托浅色斑，产生类似钧瓷的釉变效果，此罐即是此类瓷器中的杰作。

黄道窑花瓷龙首壶

年　代：唐
尺　寸：高28厘米，宽27.3厘米
产　地：河南郏县
收藏地：美国国立亚洲艺术博物馆（Freer and Sackler Galleries）
入藏号：S2006.6

壶口外撇，短颈，溜肩，肩部前侧置龙头形流，龙角张扬，须发飘动，肩部后侧置龙形柄，龙口衔于壶口，尾贴于腹部。此壶内外皆施黑釉，外壁遍布灰蓝色彩斑，釉变效果十分明显。此壶造型奇特，装饰华美，是黄道窑瓷器中的极品。

黄道窑黄釉蓝斑双系罐

年　代：唐
尺　寸：高25.8厘米，腹径17.5厘米
产　地：河南郏县
收藏地：美国国立亚洲艺术博物馆（Freer and Sackler Galleries）
入藏号：F1981.3

罐唇口，短颈，长圆腹，平底。肩部两侧置双系。罐体饱满，轮廓线圆润。罐内外皆施黄釉，釉上点缀蓝色彩斑，并有细碎开片。这种粗犷大气的彩斑，遒劲朴素，具有深沉、浑厚的美感。唐代黄釉蓝彩器，是黄道窑的典型产品。

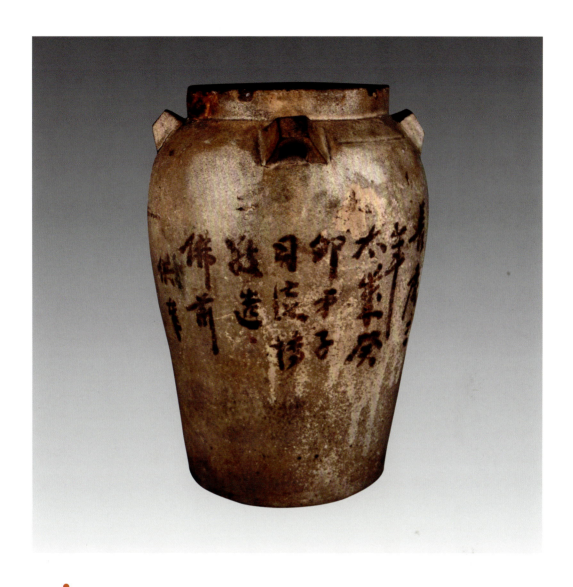

长沙窑褐彩虎纹四系罐

年　代：唐
尺　寸：高23.5厘米
产　地：湖南长沙
收藏地：英国大维德基金会（Percival David Foundation of Chinese Art）

入藏号：PDF.320

罐直口，无颈，溜肩，肩部置四个桥形钮，长腹下收，平底。通体施青釉，褐彩装饰。罐腹部一侧褐彩绘一只老虎，虎口中喷出云气。另一侧褐彩书"长庆三年太岁癸卯弟子司徒博敬造佛前供奉"行草书纪年款。长庆三年为公元823年，这件有确切纪年的唐代长沙窑瓷器，是长沙窑的标准断代器。

长沙窑模印贴花褐斑注子

年　代：唐
尺　寸：高20.3厘米
产　地：湖南长沙
收藏地：英国维多利亚和阿尔伯特博物馆（Victoria and Albert Museum）
入藏号：C.833-1936

　　注子直口，阔颈，丰肩，圆腹下收，平底。肩置短流，对称处安二条形曲柄。与流、柄成十字形的颈、肩之间置一对三条形系。通体施青釉，釉色青中略显灰黄。肩、腹处模印贴花椰枣纹，其上覆盖大块褐色釉，形成三个椭圆形斑块，突出了图案的装饰效果。此件注子的贴花纹反映了长沙窑贴花艺术的特点——朴实、自然、生动。器物造型和图案特殊，是唐代长沙窑生产的外销西亚各国的产品。

长沙窑褐彩诗文注子

年　代：唐
尺　寸：高22.9厘米
产　地：湖南长沙
收藏地：美国印第安纳波利斯艺术博物馆（Indianapolis Museum of Art）
入藏号：1991.159

注子撇口，阔景，溜肩，肩部一侧置八棱形流，另一侧置三条曲柄，瓜楞形腹，平底。通体施青釉，流下褐彩草书题诗"竹林青郁郁，鸿雁北向飞。今日是假日，早放学郎归"。长沙窑瓷器上书写的诗文，几乎都是《全唐诗》没有收录的，语言质朴，生活性强，为瓷器增添了更深的文化内内涵。

313

长沙窑褐彩鹿纹注子

年　代：唐

尺　寸：高18.4厘米

产　地：湖南长沙

收藏地：美国印第安纳波利斯艺术博物馆（Indianapolis Museum of Art）

入藏号：1987.188

　　注子撇口，阔颈，瓜棱形长圆腹，肩一侧置六棱形流，另一侧置曲柄。通体施青釉。腹部以釉下褐彩勾描花草和一只鹿，褐彩线条内涂釉下绿彩。此器造型饱满，青釉下有褐、绿两色彩，图案线条流畅，是不可多得的唐代长沙窑瓷器珍品。唐代长沙窑大量烧造釉下彩绘瓷器。它突破了青瓷的单一釉色，丰富了唐代瓷器的装饰技术，开创了后世釉下彩瓷器的先河。

315

长沙窑花鸟纹碗

年　代：唐
尺　寸：口径14厘米
产　地：湖南长沙
收藏地：美国大都会艺术博物馆（Metropolitan Museum of Art）
入藏号：1986.97.3

  碗侈口，为六瓣花口式，弧腹，圈足。通体施青釉，外壁无纹饰，内壁釉下褐彩加绿彩绘花鸟纹。此种装饰手法是，借助毛笔用彩料在生坯上绘画纹饰，然后罩一层透明釉在高温中烧成。彩料经高温处理后色彩经久不变。此碗是长沙窑瓷器中的精品。

长沙窑绿釉枕

年　代：唐
尺　寸：高8.4厘米，长15.6厘米，宽10.5厘米
产　地：湖南长沙
收藏地：美国印第安纳波利斯艺术博物馆（Indianapolis Museum of Art）
入藏号：1987.191

枕长方形，圆角，一侧有孔。枕面绿釉地，两头有褐彩斑。釉面开细小纹片，底无釉。此枕小巧雅致，为唐代瓷枕的典型器。从此枕上可以看出长沙窑的匠师在施釉装饰中的高超技艺。